Die Novelle vom 17./20. Mai 1898

und die

künftige Civilproceßreform.

Die Novelle vom 17./20. Mai 1898

und die

künftige Civilproceßreform

von

Johann Christoph Schwartz,
a. o. Professor der Rechte an der Universität Berlin.

— — tamen usque recurrit!

Berlin 1902.
J. Guttentag, Verlagsbuchhandlung,
G. m. b. H.

Dem Herrn Geheimen Justizrath

Professor der Rechte an der Universität Berlin

Dr. Otto Gierke

zugeeignet.

Inhaltsübersicht.

Zur Einleitung.

Es ist ein eigen Ding um das processuale Gesetzgebungswerk v. J. 1898!

Im Schatten tiefster Amtsverschwiegenheit fanden die Vorarbeiten statt. Daß etwas kommen würde, wußte freilich jedermann, aber um so schwüler war die Luft; denn niemand vermochte zu ahnen, was nicht alles kommen konnte. Drum zwischen Furcht und Hoffnung schwebte der zweifelnde Jurist und — bebte!

Endlich in elfter Stunde wurde der Ausschluß der Öffentlichkeit gehoben. Die Vorlage war da, und schon ihrer Form nach wirkte sie beruhigend oder enttäuschend, — je nach der Stellung des einzelnen zum bisherigen Gesetze: fortlaufende Ziffern, Paragraphenziffern, dazu halbe Sätze, ganze Sätze, einzelne Worte, die entweder „gestrichen“ oder „hinzugefügt“ werden oder „an die Stelle treten“ sollten. Ein Werk, das, um nur verstanden zu werden, geduldige Arbeit, Geschick und gute Kenntnisse voraussetzte, zumal die beigegebene „Begründung“ vielfach in Papinians Art „gedrungen bis zur Dunkelheit“ abgefaßt war.

Kein Wunder, daß die wissenschaftliche Kritik nicht mehr im Stande war, auch ihrerseits mitzuwirken zur Vorbereitung für die Reichstagsverhandlung. Denn diese begann alsbald nach Einbringung der Vorlage. Freunde und Gegner der Civilproceßordnung stießen heftig auf einander, um dann nach dreitägigem Redekampfe die Vorlage an die VI. Kommission (21 Mitglieder) zu überweisen, die schon nach 3 Monaten fleißiger Arbeit ihren ausführlichen Bericht abstatten konnte. Auch der Reichstag beeilte sich: am 26. April 1898 war der Kommissionsbericht eingegangen, bereits am 5. Mai konnte das Gesetz in dritter Lesung verabschiedet werden; dabei hatte am meisten Zeit beansprucht die Berathung über die von der Kommission in Übereinstimmung mit der Vorlage befürwortete Erhöhung der Revisionssumme von 1500 auf 3000 M. Das lehnte der Reichstag ab.

Und alsbald verschwand wieder die Novelle in ihrer Selbständigkeit: sie tauchte unter in die civilprocessuale Paragraphenfluth, deren Ziffer in Folge dessen von 872 auf 1048 stieg. Seit bald 4 Jahren wird an den Universitäten Civilproceßrecht nach der „neuen Fassung des Reichsgesetzes" gelehrt, seit dem 1. Januar 1900 wird nach dieser neuen Fassung Recht gesprochen, und nur eine äußerliche Erinnerung an die „Novelle" als solche ist geblieben: ein störender Sperrdruck der neuen Bestimmungen in einigen Textausgaben und Kommentaren, der vielleicht manchen Anfänger zur irrigen Meinung verführt, daß diese gesperrten Stellen nun auch die wichtigsten im Gesetze seien, daß man gerade diese Paragraphen zur Referendarprüfung — „auswendig wissen" müsse.

Und dennoch ist die Novelle v. J. 1898 ein Merkstein in der Geschichte des deutschen Proceßrechts!

Wenn ich das ausspreche, so denke ich nicht an den einen oder anderen der neuen Gesetzesparagraphen. Aber die Berathungen und Verhandlungen in ihren Einzelheiten, wie im ganzen Zusammenhange haben doch das eine unwiderleglich dargethan: eine Generalrevision unserer Civilproceßordnung ist unvermeidlich. In der practischen Bewährung hat das Gesetz mit nichten gehalten, was man sich einst von ihm versprochen hatte. Übelstände, zum Theil unleidlichster Art, liegen klar vor aller Augen. Über die Mittel und Wege zur Besserung werden natürlich die Meinungen auseinandergehen. Doch nicht eine einzige Stimme hat sich für unveränderte Aufrechthaltung unseres bisherigen Proceßrechts erhoben. Auch die Bundesregierungen nehmen einen solchen Standpunkt nicht ein, ihre Vertreter haben direct und indirect die Verbesserungsbedürftigkeit des Gesetzes anerkannt, gelegentlich auch ganz offen von der „demnächstigen" Generalrevision[1]) gesprochen.

Nach allen Richtungen hin, in Bezug auf die grundlegenden Bestimmungen sind Reformvorschläge gemacht worden, zumal in der Kommissionsberathung. Ist nur ein erheblicher Theil der Klagen und Ausstellungen begründet, so wird die „Generalrevision" uns ein ganz neues Gesetz bringen müssen.

Als ich vor bald 4 Jahren auf Grund einer, wie ich glaube objectiven, geschichtlichen Untersuchung[2]) zu einer solchen Voraussage kam, erwartete ich allerdings nicht, schon so bald aus der Praxis heraus Bestätigung zu finden.

Daß seitdem die Vorarbeiten zur Revision der Civilproceßordnung auch nur eingeleitet worden seien, davon hat freilich bisher noch nichts verlautet. Und heute, da Wissenschaft und Praxis in angestrengter Arbeit das am 1. Januar 1900 in Kraft getretene Bürgerliche Gesetzbuch überhaupt erst zu bewältigen suchen, heute liegt gewiß noch die Frage nahe, ob es wohl an der Zeit sei, schon wieder nach einem „neuen Gesetze" zu rufen? — Es ist nicht lange her, daß mir ein trefflicher hiesiger Richter sagte: wir brauchen nur ein neues

Gesetz, mit nur einem einzigen Paragraphen, und der hätte zu lauten: „vor 20 Jahren darf kein neues Justizgesetz erlassen werden." — Jawohl, das Scherzwort giebt nur dem richtigen Gefühle eines jeden ernsten deutschen Juristen Ausdruck: uns thut zu segensreicher Eröffnung des Jahrhunderts eine Zeit ruhiger Sammlung noth.

Aber es denkt ja auch niemand an Überstürzung der Revision unserer Proceßgesetzgebung. Daß gesetzgeberischer Geschwindschritt, wie er in den Jahren seit 1870 geübt wurde, eben nur zu Ergebnissen führen kann, die keine Dauer gewährleisten, das lehrt klar — für jeden, der sich belehren läßt, — eben die Vorgeschichte unseres heutigen Gesetzes. Wir haben zu sorgen, daß wir nicht wieder in den Fehler von damals verfallen. Und wir haben nach dieser Richtung Vorsorge getroffen durch Erlaß der Novelle, die sich aber bekanntlich auf das allernothwendigste beschränkt hat. Ob nicht doch gar zu große Selbstbeschränkung geübt worden sei, ob nicht vielleicht ohne Schwierigkeit noch ein mehr von Verbesserungen hätte geboten werden können, darüber gehen die Ansichten auseinander.

Indessen heute ist das gleichgiltig. Denn neues Flickwerk, schleunige Einbringung einer zweiten Novelle wäre gewiß verfehlt, — mögen auch noch einige Jahre hingehen, bevor Reformpläne greifbare Gestalt gewinnen. Einstweilen haben wir uns zu behelfen und abzuwarten. Und das wird umso geduldiger und williger geschehen, jemehr man sich Klarheit darüber schafft, daß ein Wechsel in den grundlegenden Proceßbestimmungen regelmäßig viel schärfer, gewaltsamer in das Rechtsleben einschneidet, als eine neue Codification des Privatrechts.

Dieser Satz mag paradox klingen für alle diejenigen, die mit den Schlagworten „formelles" und „materielles Recht" die Bewerthung von Civilproceß und Privatrecht gegeneinander abthun wollen; denn wie sollte die Form jemals wichtiger sein als die Sache selbst? — Etwas tieferes Eindringen in die Frage, vor allem practische Erfahrung führen bald zur Erkenntniß, daß der angeblich paradoxe Satz nur etwas selbstverständliches sagt.

Denn für die ungeheure Mehrzahl des Volks ist regelmäßig nur die Gerichtsstelle der Ort, wo ihr das „Recht", das „Gesetz" in seiner ganzen Machtfülle zum Bewußtsein gebracht wird. Der Richter ist dem Manne aus dem Volke die Verkörperung des Gesetzes. Nach dem Bilde, das von der Gerichtsverhandlung zurückblieb, gestaltet sich das Urtheil über Werth oder Unwerth, Milde oder Härte, Brauchbarkeit oder Unbrauchbarkeit auch des materiellen Rechts. Da kommts denn erheblich an auf die Persönlichkeit des Richters, auf die Art, wie er sich gegenüber der Partei giebt, — und in letzterer Beziehung entscheidet wieder hauptsächlich das Proceßgesetz, das die Grenzen der richterlichen Gewalt und der Parteirechte absteckt.

Hiermit ist aber nur die eine Seite der Sache berührt. Auf der anderen Seite fällt ins Gewicht, daß für den practischen Juristen — Richter wie Rechtsanwalt — die „Formen", die ihm vom Gesetze für die Ausübung seiner Berufsthätigkeit vorgeschrieben sind, mehr bedeuten als das Werkzeug für den Handwerker. Mit der dauernden, stets gleichmäßig sich erneuernden Anwendung des Proceßgesetzes wird dieses dem beschäftigten Practiker ganz zu eigen, es ist ihm etwas selbstverständliches, etwas unentbehrliches; dermaßen, daß — oft für ihn unbewußt — von hier aus auch seine Auffassung des materiellen Rechts, sein Rechtsgefühl mitbestimmt wird. Nicht zu übersehen ist auch, daß in einer großen Zahl der Processe materiellrechtliche Differenzen überhaupt nicht zu schlichten sind, weil nur thatsächliche Momente, Beweisfragen in Betracht kommen.

Das sog. „formelle" Recht, das Proceßrecht, ist deshalb von hoher Bedeutung nicht nur für die Gestaltung des „materiellen" Rechts in seiner practischen Durchführung, sondern auch für das Maß von Werthschätzung und Ansehen, das ihm bei der Bevölkerung erworben werden kann. — Kein Zweifel jedenfalls, daß eine energische Wandlung fundamentaler Grundsätze des Proceßrechts oft größere, stets gehäuftere Schwierigkeiten im Gefolge hat, als eine Veränderung des Privatrechts.

Und endlich darf, wenn Proceß- und Privatrecht zutreffend nebeneinandergestellt werden sollen, auch dies nicht vergessen werden: das „justitia fundamentum regnorum" bedeutet in erster Reihe und vorzugsweise doch nur, daß überhaupt im wohlgegründeten Staatswesen Recht gesprochen werden müsse, in einer Weise, die sich nach dem Bedürfnisse der Zeit und des einzelnen Volkes als Gerechtigkeitspflege darstellt. Was materiell als Recht gewährt wird, kommt erst in zweiter Reihe in Betracht. In diesem Sinne, in der staatsrechtlichen, staatsfestigenden Bedeutung also vermag das „materielle" Recht sogar vor dem „formellen" zurückzutreten. Nur eine Bestätigung dieses Satzes wird durch die geschichtlich feststehende Thatsache geliefert, daß die gesetzgeberische Thätigkeit des Staates regelmäßig ihren Ausgang nimmt vom Processe,[3]) um erst danach auch das Privatrecht zu regeln. Das gilt für die leges wie für die Capitulariengesetzgebung; der Gang der Reception in Deutschland weist vielfach dieselbe Erscheinung auf, die vollends die Regel bildet in der deutschen Particulargesetzgebung der letzten drei Jahrhunderte; es sei hier nur an Preußen und Österreich erinnert: in beiden Staaten geht die Proceßgesetzgebung voraus. Und von der geschichtlichen Regel ist auch unsere Zeit nicht abgewichen: die Reichsjustizgesetzgebung setzte ein mit dem Processe, das gleiche hat die neueste österreichische Gesetzgebung gethan.

Alle diese Erwägungen mahnen gewiß zur Behutsamkeit bei Inangriffnahme einer Fundamentalrevision unserer Civilproceßordnung. Trotzdem vermag ich den Standpunkt derer nicht zu theilen, die vielleicht auch heute noch eine solche Revision möglichst weit hinausschieben wollen, damit das Gesetz Zeit gewinne, sich in seiner Vortrefflichkeit zu bewähren: den jetzigen Richtern erschwere alte Gewöhnung vielfach eine richtige Handhabung der Civilproceßordnung. — Heute sind mehr als 22 Jahre seit dem Inkrafttreten des Gesetzes verflossen; was ihm in diesem Zeitraume an Liebe nicht gewonnen wurde, dürfte ihm auch bei längerer Lebensdauer nicht erblühen. Selbst Wach, auf dessen Ausführungen, namentlich im Streite mit Bähr,[4]) ich soeben Bezug nahm, hat bei Besprechung des Entwurfs zur Novelle ausdrücklich gesagt: „Immerhin hat die Erfahrung gezeigt, daß die C.P.O. verbesserungsbedürftig ist und daß wir sie einer Generalrevision baldmöglichst werden unterziehen müssen.“[5])

Wer wie ich — im wesentlichen übereinstimmend mit Bähr — die Civilproceßordnung nicht nur für „immerhin verbesserungsbedürftig“, sondern vielmehr ihre Grundlagen für verfehlt hält, der könnte vielleicht die Hinausschiebung der Revision auf ein weiteres Vierteljahrhundert als diplomatisch empfehlen. Solchen Falls würde nämlich die Entscheidung hauptsächlich zu treffen sein von anderen Männern: von solchen, die — nicht beeinflußt durch die Erinnerung an die eigene gesetzgeberische Mitarbeit, entwachsen einer Zeit, in der man von den Schlagworten Öffentlichkeit und Mündlichkeit alles Heil erwartete — nur nach eigener Erfahrung und vielleicht auch mit Berücksichtigung geschichtlicher Lehren, die Kernpunkte des Bedürfnisses zu erfassen vermöchten.

Indessen, ich glaube nicht, daß es diplomatischer Künste bedarf um Übereinstimmung darüber zu erzielen, an welchen Stellen die bessernde Arbeit einzusetzen habe. Der Schwung und die Schwärmerei des Jahrzehnts, das auf unseren jüngsten großen Krieg folgte, sind längst verflogen. Heute wird niemand versuchen, mit plötzlich aus den Wolken gefallenen „Principien“ und sauberster Durchführung derselben — offenkundige Schäden unseres Rechtslebens zu feilen. Eher droht Gefahr von der entgegengesetzten Seite; wir sind tüchtig nüchtern geworden, — vielleicht ein wenig *zu* nüchtern! Der Practiker, und *er* ist in Fragen einer Proceßreform gewiß zuerst zu hören, begnügt sich oft genug mit der Feststellung: so ist es „unzweckmäßig“, auf diese andere Weise wäre es „zweckmäßiger“. Ganz schön! „Doch ein Begriff muß bei dem Worte sein!“ Ist für die Gestaltung des Civilprocesses eine Einrichtung schon dann genügend „zweckmäßig“, wenn sie die „Maschine“ rascher, glatter, geräuschloser laufen läßt? Oder giebts nicht auch höhere Ziele, die zu erreichen ebenfalls „Zweck“ der Maschine sein sollte? Wenn aber letztere Frage zu bejahen wäre, empfiehlt sich dann noch schlechthin der zwar nicht ausschließlich, aber doch überwiegend vertretene Standpunkt, daß für die Herstellung einer „zweckmäßigen“ Civilproceßordnung nur die technische Fertigkeit der Erfinder und Monteure ausschlaggebend sei? Und weiter — des Fragens ist hier kein Ende! — *müssen* wir denn durchaus auch für die Zukunft *Sohms* Wort wahr machen: „in der

Wissenschaft sind wir historisch, in der practischen Gesetzgebung aber revolutionär"?[6]) Die deutsche Reichsgesetzgebung im 19. Jahrhundert weist sicher kein Werk auf, das weniger historischen Sinn und größeren Revolutionseifer zur Schau trüge! Und wenn gerade dieses Gesetz sich nicht bewährt haben sollte, läge es dann nicht nahe, durch Rückkehr zu uns selbst unserer gesetzgeberischen Souveränetät wieder die richtigen Schranken zu weisen? Freilich, leicht und bequem ist die Rückkehr nicht, weil der Weg, den wir durchschritten haben, noch vielfach im Dunkel liegt. Und nicht jedermanns Sache ist es, vorsichtig von heute anfangend, die Geschichte rückwärts zu studiren. Doch aber wüßte ich nicht, wie man auf diesem Gebiete gerade mit Erfolg anders vorgehen könnte. Unser heutiger Proceß löst sich los, sieht fast vollständig ab von unserer historischen Entwickelung.[7]) Wir haben das Gute nehmen wollen, wo wirs zu finden glaubten, und haben dabei schließlich erfahren, daß nicht alles, was anderwärts für gut gilt, auch bei uns sich als gut bewährt. Jetzt handelt es sich darum, diese Erfahrung — neu und vereinzelt ist sie ja gerade nicht! — mit Ernst zu verwerthen.

Mit dem soeben Ausgeführten möchte ich namentlich darauf hingewiesen haben, daß bei der bevorstehenden Generalrevision der Civilproceßordnung mehr als bei ihrer „Erschaffung" gemeinsame Arbeit von Praxis und Wissenschaft zu bethätigen sein werde. Keinem, der die Vorgeschichte unseres Gesetzes kennt, wird es entgangen sein, daß damals die Wissenschaft so zu sagen überrascht worden ist. Sie war nicht genügend vorbereitet, nicht in sich selbst gefestigt genug, um dem immer tumultuarischer werdenden Neuerungszuge der Zeit selbständig entgegen zu treten. So blieb unerfüllt die hohe Aufgabe der Wissenschaft: gegenüber dem „revolutionären" Beginnen der

Gesetzgebung auch der „Geschichte", der Geschichte unseres eigenen Rechts zum Worte zu verhelfen. — Das ist zu bedauern, aber immerhin zu erklären aus der erstaunlichen Beweglichkeit und Schnelligkeit, mit der die damalige „Einigungsgesetzgebung" arbeitete. An der Spitze ein juristischer Techniker allerersten Ranges, der noch dazu die seltene Fähigkeit besaß, mit seiner eigenen Auffassung und Arbeitsart eine Reihe tüchtiger Mitarbeiter zu durchdringen. Aber es war eben ein Techniker, ein „Formalgenie".[8]) Und sein Werk war deshalb zwar auch ein Kunstwerk ersten Ranges, aber mehr eben auch nicht, als ein technisches Kunstwerk. — Damit sind die großen Vorzüge und die gewaltigen Mängel des wichtigsten unter den zuerst erlassenen Reichsjustizgesetzen gekennzeichnet.

Die Technik der Civilproceßordnung ist bis auf heute vorbildlich geblieben für unsere Gesetzgebung, doch kommt sie kaum irgend sonst so blendend zur Erscheinung, wie in jener eigensten Arbeit von Leonhardt. — Ich bekenne gern, daß erst in mehrjähriger Lehrthätigkeit mir das Verständniß aufgegangen ist für die technische Meisterschaft, mit der die Proceßordnung zusammengestellt, konstruirt, erfunden worden ist. Das auch in geringfügigen Einzelheiten fast durchweg konsequente Gefüge muß bestrickend wirken auf jeden, der sich in die Arbeit vertieft. — Das ist eben überall die Eigenschaft eines „vollendeten" Werks. Und hierauf beruht nicht zum wenigsten die Stabilität des Gesetzes, dessen Kenner sich bald klar darüber wird, daß der ganze wohlgefügte Bau ins Wanken kommen könnte, wenn nur an einer Stelle ein Stein herausgebrochen würde. Otto Bähr hat das unterschätzt, als er bereits im Jahre 1888 siegesfroh-grimmig über eine Streitschrift gegen Wach das Motto setzte: „Freude war in Trojas Hallen, Eh' die hohe Veste fiel."[9]) — Die hohe Veste hat danach noch ein ganzes Jahrzehnt völlig unberührt dagestanden!

Und diese folgerichtige Technik hat sogar gelegentlich noch mehr zu leisten vermocht, indem sie ursprünglich gegen das Gesetz erhobene Vorwürfe ernstester Art allgemach in begeisterte Lobeserhebungen umschlagen ließ. Ich brauche nur an Wach zu erinnern, der im Jahre 1872 „das ganze Versäumnißsystem" unseres Gesetzes als „durchweg innerlich unhaltbar" bezeichnete: „Seine Kontumacialfolgen stehen mit der natürlichen deutschen Rechtsanschauung im Widerspruch." Das — gemeinrechtliche Kontumacialverfahren würde uns nicht mit der Schleunigkeit zum Ziele führen." Dafür wäre es weniger gewaltsam und ohne Bruch mit der Logik durchführbar." (!) — Später lautete Wachs Urtheil gerade umgekehrt: „es giebt kaum ein brauchbareres und verständigeres Versäumnißverfahren als das unsrige" (1895), „der § 297 (332) ist ein Glücksgriff des Gesetzes: eine practische, gesunde Maßnahme". „Sie ist innerlich gerechtfertigt" (1896).[10])

Aus dem Gesagten folgt, daß niemand, der von einer künftigen Reform einschneidende Umgestaltung unseres Gerichtsverfahrens erhofft, die zu überwindenden Schwierigkeiten unterschätzen darf. Eine ganze Reihe grundlegender Fragen harrt seit lange der Erledigung; die Wissenschaft darf nicht wieder wie vor 30 Jahren ohne zuverlässiges Rüstzeug in den Wettkampf um das Gute eintreten, das auf diesem Gebiete unserem Volke errungen werden soll.

Und zu den alten Fragen sind neue hinzugekommen!

Also vor uns liegt große Arbeit, an deren Bewältigung wir uns bei Zeiten zu machen haben; — nicht als ob die Proceßrevision von heute auf morgen bevorstände, sondern um zu verhüten, daß das Reformwerk in unbestimmte Ferne hinausgeschoben werde. Heute, 4 Jahre nach dem Schlusse der Verhandlungen über die Novelle, wird es zum mindesten nicht verfrüht erscheinen, wenn einleitend der Versuch gemacht wird, Klarheit darüber zu erlangen, nach welchen Richtungen insbesondere wir von dem „Gesetzgeber", der uns die Generalrevision zugesagt hat, Abänderungen und Verbesserungen zu erwarten haben.

Einem solchen Versuche sind die nachfolgenden Ausführungen gewidmet. Und zwar möchte ich mir Antwort holen aus einer Betrachtung der gesetzgeberischen Verhandlungen über die Novelle. Derart weit umgrenzt ist das Material doch sehr viel reichhaltiger und lehrreicher, als derjenige glauben möchte, der nur das Schlußergebniß, das Gesetz v. 17. Mai 1898 berücksichtigt. Ist ja dieses Gesetz zum größten Theile nur eine geschickte Einfügung der für das Gerichtsverfahren bedeutsamen neuen Bestimmungen des Bürgerlichen Gesetzbuchs in die Civilproceßordnung; vielfach handelt es sich auch um mehr nicht als um Übertragung der Redeweise des neu codificirten Privatrechts auf das ältere Proceßgesetz. Das war eine rein technisch-juristische Arbeit, die im großen und ganzen als wohlgelungen zu bezeichnen sein dürfte, wenn auch mancherlei Unebenheiten vorliegen, verursacht zum Theil durch die Kürze der für die Schlußredaction übrig gebliebenen Zeit.

Aber eben nicht dieses anscheinend so dürftige Endergebniß der fünfmonatlichen Berathungen ist für uns hier entscheidend; umsoweniger, als die ablehnenden Beschlüsse der Kommission zum größten Theile nur „Ablehnungen zur Zeit" darstellen: alles mußte zurückgestellt werden, was dem Inkrafttreten des Bürgerlichen Gesetzbuchs am 1. Januar 1900 im Wege sein konnte! Wollen wir uns die Zukunftspläne des Gesetzgebers von heute zurechtlegen, so dürfen wir nicht vergessen, daß unser „Gesetzgeber" nicht wie zu Suarez' Zeiten ein Mensch von Fleisch und Blut, von klarem Willen und zäher Folgerichtigkeit ist, sondern ein Gedankending, ein zwiespältiges Wesen, dessen Zusammenwirken im Voraus nicht berechnet werden kann, weil der Erfolg, wenn nicht gar vom Zufall, so doch vielfach von einer Interessenvertretung abhängt, die an sich mit den zu erledigenden Rechtsfragen nichts zu thun hat. Für das gefährliche Spiel der Interessenvertretung aber, der Beurtheilung eines jeden Satzes vom einseitigen Standpunkte einer einzelnen Berufsgruppe aus, — dafür bieten leider gesetzgeberische Berathungen über Gerichtswesen und bürgerlichen Proceß weit mehr Anlaß als privatrechtliche Codificationsarbeiten.

Da bleibt denn nichts übrig als eine nüchterne Sonderung bei der Betrachtung: die gesetzgeberischen Vorschläge der Regierungen einerseits und die dawider von den Reichstagsmitgliedern ins Feld geführten Interessen und Wünsche andererseits sind einander gegenüber zu stellen. Sieht man bei solchem Auseinanderhalten klar, so mag der Spekulation über das künftige Machtverhältniß beider Theile Raum bleiben, — sichere Voraussage des Ergebnisses ist nicht möglich.

Immerhin liegt auf der Hand, daß bei großen, in sich geschlossenen Gesetzgebungsarbeiten, deren Bewältigung eingehendes Studium, umfassende Fachkenntnisse voraussetzt, das Schwergewicht stets auf der Seite des Bundesraths zu finden sein wird. Hinter ihm stehen die technischen Arbeiter der Einzelregierungen, und daß wir an solchem Platze Männer von hervorragender Fachbildung und Leistungsfähigkeit zur Verfügung haben, ist bekannt. Eine solche naturgemäße Verschiebung des Machtverhältnisses der beiden Gesetzgebungsfaktoren ist übrigens um deswillen von hohem Werthe, weil dem arbeitenden Beamtenpersonal der Anlaß zur Begünstigung von Einzel- und Gruppeninteressen mangelt, sein Blick hat sich zu richten auf den Zusammenhang des Werks, auf den Erfolg, den es für die Gesammtheit erzielen soll. — In erster Reihe kommt also für uns in Betracht die Gesetzesvorlage sammt ihrer Begründung und Vertretung.

Doch selbstverständlich sind umgekehrt von besonderem Interesse die Anregungen und Anträge, die im Reichstage und in der Kommission vorgebracht wurden. Das gilt zumal, wenn, wie hier der Fall war, die Abänderung eines bestehenden Gesetzes in Frage kommt. Eine solche Reformarbeit kann, wofern sie heilsamen Erfolg haben soll, ihren Ausgang nur nehmen von den aus der Praxis, aus dem Leben heraus erhobenen Einzelbeschwerden, nicht von a priori aufgestellten Principien. Die „großen Grundsätze" ergeben sich dann, aber auch erst dann, von selbst mit Sicherheit, wenn die vorgetragenen Einzelwünsche gemeinsam auf einen „principiellen" Fehler des Gesetzes hinweisen.

Nach diesen allgemeinen Gesichtspunkten hin will ich auf den nachfolgenden Blättern die wichtigen und charakteristischen Erscheinungen unserer civilprocessualen Novellengesetzgebung v. J. 1898 hervorheben und prüfen. Die verschiedenen Detailbestimmungen sind zu leichterer Übersicht, nach ihrer Zusammengehörigkeit in Gruppen geordnet, zu besprechen; lediglich technische Änderungen und Zusätze kommen hier natürlich überhaupt nicht in Betracht. —

Vorweg aber möchte ich in aller Kürze, der Vollständigkeit halber (denn nach dem Zwecke dieser Schrift wäre es nicht gerade unerläßlich), Stellung nehmen zu derjenigen Frage, die am eingehendsten, sowohl in den Berathungen, wie in der Presse erörtert worden ist. Ich meine

die Erhöhung der Revisionssumme

und bedauere, daß die, auch von der Kommission in zweiter Lesung befürwortete Vorlage beim Reichstage keine Zustimmung gefunden hat.

Eine Begrenzung der Rechtsmittel (und ebenso der Gerichtszuständigkeit) nach der Streitwerthziffer ist gewiß immer nur als gesetzgeberischer Nothbehelf zu betrachten. Es steckt ein Stück „Willkür" darin, das mit dem „Rechte" unverträglich erscheinen muß. Indessen, der Nothbehelf ist althergebracht, und ein Mittel ihn entbehrlich zu machen, hat sich eben nicht finden lassen. Ein Blick auf die deutsche Proceßgesetzgebung der hinter uns liegenden Jahrhunderte lehrt ferner, daß Appellations- und Revisionssummen früher oder später immer wieder erhöht werden. Das ist selbstverständlich: ihr Zweck ist Entlastung der Gerichte höherer Instanz durch Verweigerung der betr. Rechtsmittel. Aber der steigende Verkehr vermehrt unausbleiblich die Zahl der Streitsachen jeder Werthhöhe, das hat zur Folge, daß allmählich die höheren Instanzen doch wieder überlastet sind, — und dann wird, um noch weiterer Überlastung zu steuern, das alte Recept angewandt, die Rechtsmittelsumme erhöht. Man sagt sich: ob 300 oder 301, 1500 oder 1501, der geringe Zifferunterschied ist für das Recht bedeutungslos, beides ist gleich „gerecht", oder vielmehr „gleich ungerecht", und zwischen 301 und 302 ist eben auch kein größerer Unterschied als zwischen 300 und 301 und so fort; — schließlich wird also eine neue Grenzlinie, abermals nach Gutdünken, nach Willkür gezogen. Und trotzdem fehlt einem solchen Vorgehen nicht jede innere Begründung![11])

Daß zu den ersten Pflichten des Staats seinen Angehörigen gegenüber die Gewährung der Rechtshilfe gehört, war auch unseren Altvordern bekannt. Doch die staatliche Leistungsfähigkeit hat eben auch ihre Grenzen. Für alle Processe gleich ausgiebigen Instanzenzug zu gewähren war in vergangenen Jahrhunderten unmöglich, es waren zu unbegrenzter Vermehrung der Obergerichte weder die Geldmittel, noch auch die geschulten Arbeitskräfte vorhanden. Man mußte sich also bescheiden, machte die Abstufung zwischen „wichtigeren" und „unwichtigeren" Sachen, glaubte wohl auch vom Standpunkte der Allgemeinheit schön objectiv zu sein, wenn man den Proceß um eine größere Geldsumme für „wichtiger" bezeichnete, als den um ein geringeres Streitobject. Subjectiv traf natürlich den Mittelloseren, der nur um kleine Werthe zu streiten hatte, der Nachtheil. Es war eben ein Nothstand und ein Nothbehelf. Indessen im Laufe der Jahrhunderte hat unser Volk sich an eine derartige Einschränkung des Rechtsweges doch gewöhnen müssen.

Ist aber einmal eine Differenzirung der Streitrechte nach der Höhe des Streitwerths aus den hervorgehobenen Gründen angenommen, dann wird man zweierlei anerkennen müssen: die willkürlich zur Grenzziehung herausgegriffene Ziffer erscheint widersinnig vom Standpunkte desjenigen, der das Urtheil nicht anfechten darf, weil nur 300 nicht 301 ihm abgesprochen wurden. Einen Sinn dagegen und einen ganz erträglichen Sinn hat dieselbe Ziffer, wenn sie sich ergiebt aus der Verhältnißzahl, die festgestellt werden mußte zwischen appellablen und nicht appellablen Processen, damit der Staat überhaupt für einen Theil der Processe Rechtsmittelverfahren zu gewähren, Obergerichte zu unterhalten vermochte. —

Reicht also z. B. bei der Gesammtzahl der Processe das Leistungsvermögen des Staats nur aus um für die Hälfte aller Processe ein Berufungsverfahren zu gewähren, so läßt sich die Rechtsmittelsumme vertheidigen, wofern man sie derart bestimmt, daß nicht erheblich mehr als die Hälfte aller Processe vom Rechtsmittelwege ausgeschlossen wird. Ist aber dies richtig, so scheint mir zwingend noch eine dritte Erwägung: steigert sich im Laufe der Zeit die absolute Zahl der Processe, ohne daß in gleichem Umfange die Leistungsfähigkeit des Staats gestiegen wäre, so ist es nur ein Act ausgleichender Gerechtigkeit im Interesse der Gesammtheit, wenn nunmehr die Rechtsmittelsumme erhöht wird und in Folge dessen aus der Gesammtzahl der appellablen Processe so viele ausscheiden, daß wieder die richtige, d. h. die dem staatlichen Leistungsvermögen zur Zeit entsprechende Verhältnißzahl zwischen nicht appellablen und appellablen Processen hergestellt wird.

Wenn mithin die Geschichte der deutschen (Reichs- und Partikular-)Proceßgesetzgebung für die letzten 4 Jahrhunderte die Thatsache ergiebt, daß die normirten Appellations- und Revisionssummen in Zwischenräumen unausbleiblich einer Steigerung unterliegen, so fehlte nach obigen Erwägungen einem solchen Vorgehen unserer Gesetzgeber durchaus nicht alle Rechtfertigung.

Heute würde man freilich, wenigstens bei uns im deutschen Reiche, nicht schlechthin in gleicher Weise deduciren können.

Wir gehen von einer anderen socialen Auffassung aus, suchen mehr als in früheren Zeiten auf diesem Gebiete Rechtsgleichheit zu verwirklichen; es ist ja auch ganz fraglos, daß wir nöthigenfalls in der Lage wären, noch weit größere Mittel als bisher für die Justizpflege zur Verfügung zu stellen.

Allein für die Frage der Erhöhung unserer heutigen Revisionssumme dürften dennoch Erwägungen wie die obigen ganz ausschlaggebend sein.

Der principielle Standpunkt unseres Gesetzes zur Frage der Rechtsmittelzulassung ist dieser: für jede, auch die geringfügigste Streitsache stehen successive zwei Instanzen offen, nicht mehr: Amtsgericht und Landgericht bezw. Landgericht und Oberlandesgericht. — Eine thatsächliche Abweichung ergiebt sich für die revisiblen Sachen; hier sind drei Instanzen gegeben, und in Folge dessen weist unser heutiges Verfahren, wenn auch in verhältnißmäßig geringem Umfange, eine ähnliche Differenzirung der Streitrechte auf, wie die früheren deutschen Proceßgesetzgebungen. Man hat das mit in den Kauf genommen als einen verhältnißmäßig geringen Nachtheil, um unserem Gerichtswesen Vorzüge zuzuwenden, die in der That garnicht hoch genug veranschlagt werden können.

Vor allem sollte die Einheit des Gerichtswesens im neuen Reiche ihren sichtbaren Ausdruck finden in dem einen, allen einzelstaatlichen Gerichten übergeordneten Reichsgerichte.

Das war zweifellos ein richtiger Gedanke, der durch die bayrische Ausnahme nur wenig Abschwächung erhielt. Wer sich dessen erinnert, daß selbst das Reichskammergericht in den Zeiten seines Niedergangs — und im Grunde stellt ja seine Geschichte einen fortdauernden Niedergang dar! — doch unserem Volke ein theures Symbol der Rechtseinheit geblieben ist, dem wird feststehen, daß wir ein „Reichsgericht“ nicht entbehren konnten, noch können.

Dieses unentbehrliche Symbol und Organ der Einheit des deutschen Rechts- und Gerichtswesens wollte man aber — und das wahrlich mit gutem Grunde! — nicht als Gesetzgebungskommission, ausgestattet mit größerer oder geringerer Autorität, ins Leben rufen, sondern als „unabhängiges, nur dem Gesetze unterworfenes Gericht“. Dem „Gerichte“ mußten also Parteistreitigkeiten zur Entscheidung zugewiesen werden. Die ihm gestellte Aufgabe war: durch seine Entscheidungen auf die Gleichmäßigkeit der Rechtspflege im ganzen Reiche hinzuwirken. Maßgebend für die Abgrenzung der Zuständigkeit des Reichsgerichts mußte sein: einerseits der Wunsch, womöglich alle zweifelhaften Rechtsfragen allmählich zur Prüfung an das höchste deutsche Gericht gelangen zu lassen, und sodann die Erwägung, daß, um seiner hohen Aufgabe gerecht werden zu können, dieses Gericht nicht zu sehr belastet werden dürfe; die Qualität seiner Leistungen sollte nicht beeinträchtigt werden. Dem entsprechend mußte dann die Revisionssumme berechnet werden, denn ein anderes Mittel zur Einschränkung der Zuständigkeit des Reichsgerichts gabs damals so wenig als heute. Vermögensrechtliche Processe — daneben besteht eine Reihe von Ausnahmen — sind also nach dem Gesetze revisibel nur, wenn die Beschwerdesumme 1500 M. übersteigt. Daß nur die Processe mit höchstem Streitwerthe in Betracht kommen konnten ist hier schon deshalb klar, weil geringere Sachen regelmäßig nicht die Kostengefahr des dreifachen Instanzenzuges zu tragen vermögen.

War einmal die Revisionssumme festgesetzt, so konnte auch kein Zweifel sein, daß früher oder später ihre Erhöhung nöthig sein werde. Und zwar war in diesem Falle eine fast mathematische Gewißheit gegeben. Denn während für die Berufung beim Anwachsen der Proceßzahl Raum geschaffen werden kann durch Vermehrung der Berufungs- (Land- und Oberlandes-) gerichte, ist für die Zusammensetzung des Reichsgerichts, für die Zahl seiner Senate in gewissem Sinne eine absolute Grenze gezogen: ein Gericht, das die Aufgabe hat, die Gleichheit der Rechtsprechung im Reiche durchzuführen oder doch zu befördern, das zu dem Zwecke Recht und Pflicht hat, bei divergirender Ansicht der einzelnen Senate Plenarentscheidungen zu fällen, ein solches Gericht kann eben nicht beliebig vergrößert werden; den Mitgliedern, den einzelnen Senaten untereinander geht bei übermäßiger Vermehrung des Personals der unentbehrliche Zusammenhang verloren, und es ist begreiflich genug, wenn schon vor Jahren von einem im Reichsgerichte herrschenden „horror pleni“ gesprochen wurde.

Allein im öffentlichen Interesse, als Hort unserer Rechtseinheit, gleichmäßiger Rechtsprechung ist unser Reichsgericht gegründet worden. Die Erfüllung dieser Aufgabe zieht dem Umfange der Mitgliederzahl eine feste Grenze, und eine weitere Grenzbestimmung für die Zahl der zur Revision zuzulassenden Sachen ergiebt sich aus der Rücksichtnahme auf das Maß menschlicher Arbeitskraft. Sollen die Reichsgerichtsmitglieder das leisten, was nach dem Gedanken, der die ganze Institution ins Leben rief, von ihnen erwartet wird, dann müssen sie in freier Arbeit in die Tiefe der Probleme dringen, dauernd in engster Berührung mit der zeitgenössischen Wissenschaft bleiben können. — Das aber ist ausgeschlossen, wenn behufs normaler Geschäftserledigung dem einzelnen Richter ein zu großes Arbeitspensum zugewiesen werden muß.

Nach den von zuständigster Seite während der Novellenberathung abgegebenen, überzeugend begründeten Erklärungen sind bereits jetzt die einzelnen Reichsgerichtsräthe überlastet, und eine weitere Vermehrung der Senate wäre bedenklich. Will man danach an dem Reichsgerichte, wie es gedacht war, noch festhalten, so bleibt als einziger Ausweg eben nur übrig die Erhöhung der Revisionssumme. Und in diesem Falle giebt die anscheinend willkürliche Zifferheraufsetzung auch eine normale, gerechte Lösung. War bei Gründung des Reichsgerichts nur ein bestimmter Procentsatz aller Streitsachen (diejenigen über 1500 M. Werth) revisibel, ist heute die Ausdehnungsfähigkeit des Reichsgerichtskörpers bereits an ihre Grenze gelangt, dann muß bei gestiegener Gesammtzahl der Processe der Procentsatz der revisiblen Processe entsprechend verringert werden. — In Folge der Erhöhung der Revisionssumme tritt dann in die weitaus größere Klasse der nicht revisiblen Sachen zurück eine entsprechende Zahl von Streitsachen, die seither bis in die dritte Instanz getrieben werden konnten.

Gewiß, für diese Sachen tritt eine capitis deminutio ein; aber das geschieht im Interesse der Gesammtheit der Rechtsuchenden, im öffentlichen Interesse. Und den zurücktretenden Sachen war nicht einfach wegen der 1500 M. übersteigenden Beschwerdesumme die dritte Instanz zugesagt. Nicht diese Zifferhöhe als solche war bestimmend, sondern daß sie zur Zeit sich ergab aus der für die Durchführung des Reichsgerichtsgedankens unerläßlichen Feststellung der Verhältnißzahl der revisiblen Processe zu den nicht revisiblen.

Stellt sich bei Zugrundelegung der Revisionssumme von 3000 M. diese Verhältnißzahl nicht niedriger als zur Zeit der Festsetzung der Revisionssumme von 1500 M., so wäre doch heute nur der gleiche Zustand wie damals wieder hergestellt, und niemand hätte begründeten Anlaß zur Beschwerde. Und ich meine, daß eine entsprechende Berechnung auf ein solches

Ergebniß führen würde, hat sich doch seit 1881 bis 1899 die Zahl der bei den Landgerichten im Jahre anhängig gewordenen ordentlichen Processe um 53,4 Procent (von 115 351 auf 175 915) gesteigert![12])

Aber selbst wenn die Berechnung anders ausfiele, als ich nach vorstehendem annehme, der Vorschlag, die Revisionssumme zu verdoppeln, behielte doch seine Berechtigung, denn entscheidend bleibt der absolute Factor, daß nämlich eine Erweiterung des Reichsgerichtskörpers ebenso ausgeschlossen ist, wie eine Überlastung der einzelnen Richter. Die Erhöhung der Revisionssumme ist mithin unerläßlich im Interesse unserer gesammten Rechtspflege.

Liegt die Sache so, dann sind auch diejenigen im Unrecht, die gegen die Bundesrathsvorlage — und das leider offenbar mit Erfolg — den Einwand erhoben haben, es handele sich um eine unsociale Maßregel, die insbesondere unseren „Mittelstand" schwer treffe und schädige. Gerade das Umgekehrte wäre zu behaupten!

Der Einfluß des Reichsgerichts erstreckt sich gleichmäßig über unsere gesammte Rechtspflege, auch auf das amtsgerichtliche Verfahren. Da fällt es doch nicht ins Gewicht, wenn künftig insgesammt statt etwa 2400 Sachen nur 1900 im Jahr an das Reichsgericht gebracht werden dürften. Man hat berechnet, daß von den Reichsgerichtsurtheilen nicht einmal ein Viertel zur Aufhebung des angefochtenen oberlandesgerichtlichen Urtheils führe.[13]) Von den künftig nicht revisiblen 500 Sachen würden also etwa 125 anderen Ausgang nehmen als bei Aufrechthaltung der bisherigen Revisionssumme. Aber einmal ist es ja keineswegs sicher, daß jene abändernden 125 Entscheidungen des Reichsgerichts materiell zutreffend waren; und dann: mit welcher Berechtigung hier diese peinliche Sorge um ausgiebige Rechtshilfegewährung, während doch die Erhöhung der Revisionssumme auch nicht entfernt einen so scharfen Schnitt darstellt, wie derjenige war, den unsere Gesetzgebung that, als sie alle Sachen bis zu 300 M. vor den Einzelrichter verwies und darüber nur das dreigliedrige Berufungsgericht offen hielt, vor dem für den „Mittelstand" der (zum Theil dreifache) Instanzenzug seinen Anfang nimmt. Wie viel landgerichtliche Berufungsurtheile aufgehoben worden wären, wenn die Sachen auch nur vor die Oberlandesgerichte hätten gebracht werden können, darüber bestehen nicht einmal Muthmaßungen! Unser „Mittelstand" würde bedauerlich geringen socialen Sinn verrathen, wenn er sich im Interesse eigener — und doch nur vermeintlicher! — größerer Rechtssicherheit gegen eine Maßregel stemmen wollte, die, wie gesagt, das Wohl unserer gesammten Bevölkerung zu erreichen sucht: durch Stetigmachung der gesammten, auch der amtsgerichtlichen Rechtspflege.

In unserem parlamentarischen Streite um die Erhöhung der Revisionssumme war nur die Regierungsvorlage „social" gedacht, und die Interessenvertretung, die sie zu Fall brachte, gerade diese war „unsocial"! Und das „Privilegium der Reichen", das durch die Erhöhung der Revisionssumme gefördert werden soll, ist doch wohl auch nicht gerade viel mehr als ein Schlagwort. Dieser Angriff läßt sich eben gegen jede Revisionssumme richten. Aber daß man das „Privilegium" den Armen nicht zuwenden konnte, darüber dürften wohl alle einig gewesen sein: um einen Proceß durch drei Instanzen, zuletzt beim Reichsgericht zu führen, bedarf man des Geldes; selbst wenn nach dem Gesetze schlechthin alle Sachen revisibel wären, also keinerlei Revisionssumme bestände, — das „Privilegium der Reichen" wäre thatsächlich doch nicht zu beseitigen.

Gerade weil dem so ist, durfte die Gesetzgebung um so ruhiger die aus der Feststellung der Revisionssumme sich ergebende Begünstigung der Reichen mit in den Kauf nehmen. Denn nicht zum Zweck solcher Begünstigung wurde die Revisionssumme festgesetzt und sollte sie jetzt erhöht werden, — sondern weil sie im Interesse des deutschen Gerichtswesens unerläßlich und die Folgewirkung jener Begünstigung dabei unvermeidlich erschien. — Das „Privilegium" ist ohnehin wegen der Kostengefahr zweischneidig und hinter diesem Vorwurfe steckt doch schließlich mehr oder weniger der Gedanke, als ob die Zulassung der dritten Instanz absolute Gewähr für materiell richtige Entscheidung geben könnte. Das ist natürlich nicht der Fall. Daß in den noch nicht 25% der Reichsgerichtsurtheile umfassenden Sachen, die zu abermaliger Entscheidung an die Vorinstanz zurückgelangen, nun unbedingt das richtige getroffen worden sei, ist, wie gesagt, nicht beweisbar; ich nehme es auch nicht an, weil im Durchschnitt das Personal der Oberlandesgerichte doch wohl auf gleicher Höhe stehen dürfte, wie dasjenige der Reichsgerichtssenate. Das „Privilegium" schrumpft also zusammen auf eine ausgedehntere, aber auch mit erheblicher Kostengefahr verbundene Möglichkeit für die Parteien zur Vertretung ihrer Rechtsanschauungen.

Mehr Stütze hätte ein Einwurf dieser Art, wenn man wenigstens zugleich für alle Sachen schlechthin drei Instanzen zulassen wollte. Es ließe sich vielleicht über einen solchen Vorschlag streiten; im Sinne unserer heutigen Rechtsentwickelung, die rasche Erledigung des Processes erstrebt, läge er sicherlich nicht. In alten Zeiten haben wir ja in einigen Gegenden Deutschlands fünf- und noch mehrfachen Instanzenzug gehabt! — Allein bei allgemein zugelassenem dreifachem Instanzenzuge würde nach unserer heutigen Gerichtsverfassung ein „Privilegium" der Vermögenderen immerhin bestehen bleiben. Denn nach Maßgabe der verschieden gewährten ersten Instanz könnten doch höchstens 10% aller Streitsachen an das Reichsgericht gelangen, und abermals nur die höherwerthigen. Die übrigen 90%, also die große Mehrzahl der Processe, fände ihren Schluß spätestens vor den Oberlandesgerichten. Man sträubt sich also gegen eine Differenzirung nach dem Streitwerthe an einer Stelle, die für das Interesse der Allgemeinheit nur wenig in Frage kommt; dort dagegen, wo ein solches Interesse ganz augenfällig hervortritt, bei der Grenzziehung zwischen den erstinstanzlichen Einzel- und Collegialgerichten mit den daraus sich ergebenden Consequenzen, — dort hat niemand Bedenken gegen eine solche Differenzirung!

Die vorstehenden Ausführungen rechnen überall nur mit der Beibehaltung des Rechtsmittels der Revision in seiner gegenwärtigen, durch Gesetz und Praxis festgelegten Form. Es sind aber bei Berathung der Novelle innerhalb wie außerhalb der parlamentarischen Körperschaften auch Vorschläge zur Entlastung des Reichsgerichts durch Umgestaltung der Revision, durch sachliche Einschränkung ihres Umfangs gemacht worden. Keiner dieser Vorschläge hat Anklang gefunden; zum Theil vielleicht, weil nach der Sachlage Zeit und Neigung zur Durchberathung derart eingreifender Änderungen fehlte. Zum Theil aber wohl auch, weil die in Aussicht genommenen Einschränkungen des Rechtsmittels, zumeist dem französischen Rechte entlehnt, eben nicht behagten, die Bundesrathsvertretung auch wiederholt die neugewiesenen Wege als ungangbar bezeichnete. Ich selbst vermag ebenfalls für discutabel nur zu halten die Frage, ob nicht durch Schriftlichkeit des Revisionsverfahrens das Reichsgericht entlastet werden könne. Diese Frage möchte ich aber bejahen. — Vielleicht wäre es auch möglich, ein Zulassungsverfahren mit unserer Revision zu vereinigen. Von den Vorschlägen dagegen, die Fischer in seiner verdienstvollen Abhandlung[14]) gemacht hat, halte ich zwei für schlechthin unannehmbar. Es sind diese:

„§ 513 (551) erhält den Zusatz: „Auf die Verletzung von Rechtsvorschriften hinsichtlich der Auslegung von Rechtsgeschäften, der Ausübung des richterlichen Fragerechts sowie auf die Unvollständigkeit des Thatbestandes und die mangelhafte Begründung der thatsächlichen Feststellung kann die Revision nicht gestützt werden."

Mir will es scheinen, daß hiernach dem höchsten deutschen Gerichte das nobile officium, über gewissenhafte Ausübung der Richterpflichten (auch das sog. „Fragerecht" ist ja eine Pflicht!) zu wachen, gar zu sehr verschränkt wäre. An diesem wichtigen Punkte vermag gerade das Reichsgericht besonders segensreich zu wirken, indem es gleichmäßig für das gesammte Reich das richterliche Verantwortlichkeitsgefühl schärft, das ja doch nothwendiges ideales Correlat der richterlichen Unabhängigkeit ist.

Der andere Vorschlag lautet: § 516 (554) sei wie folgt zu ergänzen: — „Das Revisionsgericht hat zu prüfen, ob die Revision an sich statthaft und ob sie in der gesetzlichen Form und Frist eingelegt sei. Mangelt es an einem dieser Erfordernisse oder erweisen sich sämmtliche in der Revisionsschrift oder der Rechtfertigungsschrift aufgestellten Beschwerdepunkte als offenbar unbegründet, so ist die Revision als unzulässig zu verwerfen" u. s. w.

Nach der Civilproceßordnung genügt die Stellung des Revisionsantrags; an die Begründung desselben (die „Beschwerdepunkte") ist das Reichsgericht nicht gebunden, es hat den ganzen Proceßstoff zu prüfen und hat, wenn es hierbei auf eine „Gesetzesverletzung" stößt, aufhebend zu erkennen, auch wenn der Aufhebungsantrag der Partei anders, unrichtig, vielleicht garnicht begründet war. Fischers Vorschlag dagegen will den Revisionsrichter beschränken auf die Prüfung lediglich der vom Antragsteller formulirten „Beschwerdepunkte".

Eine Erleichterung der reichsgerichtlichen Judicatur würde auf diese Weise freilich erzielt werden, also eine an sich willkommene Entlastung des Reichsgerichts, aber — um zu hohen Preis!

Man müßte in einer solchen Maßregel „einen ganz unverantwortlichen Rückschritt erblicken", denn „die Unabhängigkeit des Richters von den erhobenen Angriffen ist, wie die Erfahrung gezeigt hat, im Interesse der Parteien von überaus großer Wichtigkeit und dient wesentlich zur Förderung des materiellen Rechts". Diesem Ausspruche Henricis[15]) vermag ich nur beizustimmen. Formalisirte man das Rechtsmittel nach dem Vorbilde der französischen Kassation, so wäre der Revisionskläger unwiderruflich in die Hand allein seines Rechtsanwalts gegeben. Wenn dem Anwalt der Fleiß, der Scharfsinn fehlt, um alle dem Verfahren oder dem Urtheil vorzuwerfenden Gesetzesverletzungen zu entdecken und in der Revisions- oder Rechtfertigungsschrift hervorzuheben, dann soll also das Reichsgericht, obgleich es klar sieht, daß ein den Antrag begründender Verstoß vorliegt, doch den verwerfenden Spruch thun müssen? Ein solches Ergebniß würde unseren Rechtspflegeansprüchen schwerlich genügen, eine derart gebundene Stellung dem Parteivertreter gegenüber müßte vielmehr das Ansehen unseres höchsten Gerichtshofs herabsetzen!

Der Franzose stellt nun einmal andere Ansprüche an seinen Richter als wir, deshalb schlägt der Hinweis auf die französische Übung für uns nicht durch, am wenigsten in dieser Frage, die seit bald 25 Jahren für uns umgekehrt geregelt ist, nämlich im Sinne der sog. „freien Revision".

Bei Befürwortung seines Vorschlages weist Fischer (a. a. O. S. 309) gelegentlich auch „auf die bekannten Gründe hin", „aus denen — der Verhandlungsmaxime im Civilproceß der Vorzug vor der Officialmaxime gegeben ist". Damit ist offensichtlich gemeint eine Einschränkung der richterlichen Befugnisse gegenüber dem Parteivorbringen. Aber Official- und Verhandlungsmaxime kommen doch füglich hier nicht in Frage, wenigstens nicht im regelmäßig diesen Worten beigelegten Sinne. Den Satz: da mihi factum, dabo tibi jus hat das deutsche Proceßrecht trotz aller Verhandlungsmaxime doch stets festgehalten, er gilt auch für unser heutiges Recht: der Kläger im erstinstanzlichen Verfahren braucht mehr nicht vorzubringen als die ihm erheblich scheinenden Thatsachen und den Antrag, danach giebt ihm der Richter das Recht. Ganz das gleiche gilt für unser Berufungsverfahren, der Berufungskläger ist nicht verpflichtet, irgend welche Rechtsbegründung für seine Abänderungsanträge zu liefern. Im gemeinen Rechte führte die Appellation regelmäßig nur zur Überprüfung des untergerichtlichen Actenmaterials. Eine solche erfolgte schlechthin, wenn z. B. der Appellant nur erklärte: ich bitte um Verurtheilung des Appellanten gemäß meiner vom Unterrichter zu Unrecht abgewiesenen Klage. Unzählige Appellationen sind darauf hin richterlich gebilligt worden: es war ja noch die Zeit, da jedermann — um mit der classischen Wendung des § 78 unseres Gesetzes zu sprechen — „sich selbst vertreten" (?!) durfte. — Aber auch heute hat in gleich liegender Sache, wenn nichts neues erörtert werden soll, nach der Civilproceßordnung der Rechtsanwalt das seinige gethan, wenn er die Bitte jenes gemeinrechtlichen Appellanten ausspricht und danach das angefochtene Urtheil u. s. w. gemäß § 526 vorträgt; rechtliche Angriffe braucht er im einzelnen nicht vorzubringen (vgl. §§ 518, 519). Der Berufungsrichter giebt ihm auf Grund des vorgelegten Materials das Recht. —

Mit diesen, also auch von der Civilproceßordnung eingehaltenen Grundsätzen wäre kaum vereinbar die vorgeschlagene Beschränkung des Revisionsrichters allein auf die „Beschwerdepunkte" des Revisionsklägers. Das „factum" muß ja zur Kenntniß auch des Revisionsrichters gebracht werden, das „jus" hat er dann ebenso selbständig zu geben, wie jeder andere Richter: er hat also von sich aus zu prüfen, ob der Revisionsantrag aus irgend einem Grunde sich als rechtfertig erweise. — — —

Abschließend möchte ich noch eine „wunde Stelle" in den Kommissions- und Reichstagsverhandlungen über die Revision zur Sprache bringen. Von verschiedenen Seiten, zu wiederholten Malen ist gegenüber der Regierungsvorlage die Auffassung geltend gemacht worden, als ob schon die vorhandene Möglichkeit der Revision zur Verbesserung unserer Judicatur führe: die Oberlandesgerichte prüften und bearbeiteten sorgfältiger die revisiblen Sachen als diejenigen, denen der Zugang zum Reichsgerichte verschlossen sei. Ich halte dies für eine arge und unbegründete Herabsetzung unseres Richterstandes, dem damit ein ödes Streberthum, die Scheu sich vor dem Reichsgerichte zu „blamiren", untergeschoben wird. — Daß gelegentlich ein Urtheil, dessen Anfechtung durch Revision in Aussicht steht, ausführlicher begründet wird, z. B. wenn eine entgegengesetzte Reichsgerichtsentscheidung vorliegt, das ist wohl möglich, geschähe auch im Interesse der Sache. Daß aber ein deutscher Richter in einer nicht revisiblen Sache, eben weil eine Nachprüfung nicht stattfinde, weniger sorgfältig, leichter urtheilen könne, — das sollte man doch ohne bündigsten Beweis nicht aussprechen. Wenn aber einmal ein solcher Beweis geliefert werden sollte, dann — ich bin davon überzeugt — würde es sich nur um eine vereinzelte Ausnahme handeln. Unseren Richtern wird reichlich Arbeit zugemuthet, und es ist natürlich, daß der überlastete Arbeiter danach strebt, seine Kräfte zu schonen. Wenn aber schon verschiedene Behandlung der Sachen stattfinden soll, dann kann sicher höchstens der umgekehrte Grundsatz durchgreifen. Ich habe vor Jahren als junger Richter in einem überbürdeten dreigliedrigen Gerichte erster Instanz gesessen; in Sachen unter etwa 60—75 M. waren unsere Urtheile inappellabel. Mir fiel es auf, daß ein damaliger College gerade in solchen Sachen besonders genau vorging, besonders eingehend begründete. Und als ich nach dem warum fragte, lautete die kurze Antwort: „natürlich, die anderen, wenn sie unzufrieden sind, können ja appelliren." — Ich habe mich danach meiner Frage geschämt! — Aber höchstens eine solche Erwägung vermag eine verschiedene Sachbehandlung zu rechtfertigen.

Also: gerade die Unzulässigkeit der Revision würde die Verantwortlichkeit des Oberlandesgerichts schärfen, die Zulässigkeit könnte sie äußersten Falls nur mildern.

Und in einem gewissen Zusammenhange mit den soeben angegriffenen parlamentarischen Bemerkungen stehen andere, die tadelnd darauf hinweisen, daß bei gewissen Oberlandesgerichten die Neigung bestehe, in der Rechtssprechung möglichst unabhängig von den Grundsätzen des Reichsgerichts zu bleiben.

Vielleicht sind derartige Äußerungen nicht genügend überlegt gewesen, vielleicht sind sie in den Berichten nicht correct wiedergegeben worden; — — vielleicht! Zurückgewiesen wurden sie jedenfalls nicht schlechthin. Und doch war vielen Reichstagsabgeordneten bereits bekannt Fischers von mir hier wiederholt erwähnte Abhandlung, in der so zutreffend gesagt wird:

„Das Reichsgericht soll in erster Linie dem allgemeinen staatlichen Interesse dienen, und zwar zunächst der Erhaltung der Einheitlichkeit des Rechts. Der äußeren Herbeiführung der Einheitlichkeit der Rechtsprechung im Reichsgericht selbst, an welche die Motive zur Proceßnovelle allein zu denken scheinen, dienen die Einrichtungen der vereinigten Senate und schließlich des Plenums. Um aber eine wahre innere Einheitlichkeit der Rechtsanwendung zu erzielen, ist es erforderlich, daß die Gerichte der unteren Instanzen in späteren gleichen Fällen der reichsgerichtlichen Entscheidung nach pflichtmäßiger Prüfung ihrer Richtigkeit sich anschließen. Und das ist durch die innere Vortrefflichkeit der Rechtsprechung des Reichsgerichts bedingt." (a. a. O. S. 272, 273.)

Das Rechtseinheitsorgan, das Reichsgericht selbst ist nicht verpflichtet, bei der ein Mal ausgesprochenen Rechtsansicht auch in späteren gleich liegenden Sachen zu beharren, § 137 des Gerichtsverfassungsgesetzes erschwert nur die Fällung divergirender Entscheidungen seitens des Reichsgerichts, schließt sie keineswegs aus. Und die unmittelbar dem Reichsgerichte untergeordneten Oberlandesgerichte haben nur in derselben Streitsache, die nach Aufhebung des Urtheils durch die Revisionsinstanz an sie zurückgelangt, die reichsgerichtliche Rechtsbeurtheilung ihrer Entscheidung zu Grunde zu legen (§ 565 [2]). Abgesehen von diesen Fällen, ist kein deutscher Richter bei Aburtheilung eines noch so gleich liegenden Rechtsfalles in irgend einer Weise gebunden durch die frühere Stellungnahme des Reichsgerichts zur selben Rechtsfrage; ganz einerlei ob das Reichsgericht ein Mal oder gleichmäßig ein Dutzend Male entschieden hat, durch denselben Senat, durch verschiedene, in den vereinigten Senaten oder im Plenum! Es sind das alles nur Entscheidungen, deren formell bindende Kraft über den Einzelfall nicht hinausreicht.

Man wird mir vorwerfen, daß ich Schülerweisheit vortrage! Es ist richtig. Wie war es denn aber möglich, daß im Reichstage ernsthaft vom Übelstande gesprochen werden konnte, daß die Oberlandesgerichte zuweilen nicht geneigt seien, die Rechtsgrundsätze des Reichsgerichts zur Geltung zu bringen? Im Kern erfaßt, liegt die Sache doch vielmehr so: ein deutsches Gericht ist garnicht berechtigt, ein ihm unrichtig erscheinendes Reichsgerichtsurtheil seiner Entscheidung zu Grunde zu legen. Das Sacrifizio del' intelletto wird unserem urtheilenden Richter nicht nur nicht zugemuthet, es ist ihm verboten; und zwar unter Umständen bei Zuchthausstrafe, denn es ist nicht ausgeschlossen, daß bei in diesem Punkte lässig werdender Übung der Strafrichter gelegentlich ein Mal den Thatbestand der Rechtsbeugung für gegeben erklärt.[16])

Im Grunde wird schon dann die Richterpflicht verletzt, wenn ein Gericht, ohne seine Rechtsüberzeugung zum Abschluß zu bringen, sagt: der Fall ist zweifelhaft, ich ordne mich dem Reichsgerichte unter. Schlechthin aufzuheben wäre jedenfalls ein etwa so begründetes Urtheil: „dieses Gericht hat zwar stets die entgegengesetzte Rechtsauffassung vertreten, hält auch heute nur diese für zutreffend, schließt sich aber, zumal um den Parteien Kosten zu ersparen, nunmehr der constanten Rechtssprechung des Reichsgerichts an." Es ist nur correct, daß in einem solchen von Fischer bezogenen Falle der französische Kassationshof erklärte, es liege ein „excès de pouvoir“ vor.

Bewußte Gesetzesverletzung begeht dasjenige deutsche Gericht, das — wenn auch zu Gunsten einer einheitlichen Rechtsprechung — seiner Unabhängigkeitspflicht (§ 1 G.V.G.) untreu wird. Unabhängigkeit der gesammten deutschen Rechtspflege ist das weit höhere Gut. Eine auf Kosten der richterlichen Unabhängigkeit erlangte einheitliche Rechtsprechung würde für uns den Verfall des Gerichtswesens, des fundamentum regnorum bezeichnen. Nicht nur wäre damit — wie Fischer kräftig sagt — „die Rechtswissenschaft entthront und für die Praxis die Herrschaft des Stumpfsinnes proklamirt“, es wäre unsere ganze deutsche ideale Auffassung von Rechtspflege, Richteramt, Richterwürde zu Grabe getragen.

Argumente, wie die im vorstehenden widerlegten, kommen jedenfalls gegenüber dem Vorschlage, die Revisionssumme zu erhöhen, nicht in Betracht.

Inzwischen sind weitere Erfahrungen zu sammeln. Ergeben dieselben, daß bei einer Revisionssumme von nur 1500 M. das Reichsgericht bis zur Gefährdung der Qualität seiner Urtheile überlastet erscheint, dann werden eben die Bundesregierungen ihren Erhöhungsvorschlag erneuern, und — hoffentlich! — mit besserem Erfolge.

Das Zustellungswesen

der Civilproceßordnung von 1877 bildet wohl den am häufigsten und nachhaltigsten angefochtenen Theil unseres Gesetzes. Nicht etwa, daß die Bestimmungen flüchtig gearbeitet, lückenhaft gewesen wären. Technisches Geschick der Arbeiter zeigt sich auch hier reichlich. Der „Parteibetrieb" war aus Frankreich übernommen worden, wenn auch in der „hannöverschen" Form, die gleichzeitige Mittheilung an das Gericht, bezw. Mitwirkung desselben verlangte. Die Consequenzen der neuen Errungenschaft wurden denn auch scharf gezogen, die Verantwortlichkeit der Partei, bezw. ihres Vertreters war klargestellt, eine Reihe formeller und formellster Vorschriften war gegeben worden. Auch für den Amtsgerichtsproceß bestand im Grunde keine Ausnahme, nur insofern war die Regelung hier eine andere, als die Partei durch Vermittelung des Gerichtsschreibers den Gerichtsvollzieher beauftragen konnte, und daß, sofern die Partei nicht ausdrücklich erklärt hatte, sie wolle sich selbst an den Gerichtsvollzieher wenden, ihre Zustimmung zum vermittelnden Vorgehen des Gerichts vermuthet wurde.[17]) Aber der mit alledem geschaffene „furchtbare Formalismus" wurde je länger je mehr als unerträglich empfunden, und bereits vor 12 Jahren (am 30. Juni 1890) beschloß der Reichstag einem Antrage Rintelens gemäß: „die verbündeten Regierungen zu ersuchen, schon vor durchgreifender Revision der Reichs-Proceßgesetze, und zwar baldmöglichst, dem Reichstage den Entwurf eines Gesetzes vorzulegen, durch welchen die Vorschriften derselben über das Zustellungswesen nach der Richtung hin geändert werden, daß den zu Tage getretenen Mängeln und Härten — insbesondere hinsichtlich der Weitläufigkeit und Kostspieligkeit des Verfahrens — Abhilfe gewährt wird".

Allein die Sache blieb ruhen, man meinte einschneidende Abänderungen, insbesondere die Rückkehr vom „Parteibetriebe" zum „Proceßbetriebe von Amtswegen" nicht ohne umfassende Revision des Gesetzes vornehmen zu können.[18])

Immerhin waren hiernach für das Zwischenwerk der Novelle Verbesserungsvorschläge zu erwarten. Der Entwurf brachte sie und zwar mit folgender, vorsichtiger Begründung: „Von dem Standpunkte des Entwurfs kann eine Beseitigung des Parteibetriebs und folgeweise eine durchgreifende Umgestaltung der darauf beruhenden Zustellungsvorschriften nicht in Frage kommen. Vielmehr handelt es sich nach dieser Richtung nur darum, gegenüber einzelnen als besonders drückend empfundenen Mißständen Abhilfe zu schaffen. Dagegen läßt sich für die Zustellungen von Amtswegen im Anschluß an die Vorschriften des Gesetzes betreffend die Gewerbegerichte eine wesentliche Vereinfachung erreichen." (92.) Diese „wesentliche Vereinfachung", sog. „vereinfachte Zustellung", herbeigeführt vom Gerichtsschreiber durch Gerichtsdiener oder Post, mit Registrirung seitens des Schreibers, ohne Aufnahme der Gerichtsvollzieherurkunde) wurde unbedenklich angenommen (§§ 208—213). Sie ist aber eben nur geboten für die Zustellungen von Amtswegen im Sinne des Gesetzes, d. h. für die nicht im Parteibetriebe zuzustellenden Entscheidungen, Beschlüsse und Verfügungen. Im Verhältnisse zum gesammten Zustellungsverfahren handelt es sich also um eine recht unwesentliche Verbesserung, wenngleich eine Verbesserung zweifellos vorliegt. Namentlich wäre es ein Fehlgriff, wenn man annehmen wollte, daß auch die im amtsgerichtlichen Verfahren vom Gerichtsschreiber anzuordnenden Zustellungen (vgl. oben) mit betroffen seien.[19])

Ich habe (mit Stein) die Überzeugung, daß an diesem Punkte doch wohl zu wenig geschehen ist, und nur zum Theil läßt sich die Unterlassung erklären aus der Befürchtung, daß in der kurzen für die Neuorganisation übrigen Zeit die durch erhebliche Zurückdrängung des Gerichtsvollzieherwesens entstehenden Schwierigkeiten nicht zu bewältigen sein würden. Von meinem Standpunkte aus hat die Unterlassung sogar ihr gutes: denn jeder allgemein anerkannte Mangel des Gesetzes, der sich durch partielle Änderungen nicht heben läßt, hindert uns die Generalrevision der Civilproceßordnung ganz ins ungewisse hinaus zu vertagen! —

Von den sonstigen durch die Novelle herbeigeführten Abänderungen im Zustellungswesen mögen noch einige kurz berührt werden.

Die zusammengehörigen Vorschriften der §§ 166 Abs. 2 Satz 2 und 207 Abs. 2 kommen zweifellos einem Bedürfniß der Praxis entgegen. Eine Nothfrist gilt als gewahrt, wenn — auch im Anwaltprocesse — der betreffende Schriftsatz, sei es auch in letzter Stunde, dem Gerichtsschreiber behufs Vermittelung der Zustellung übergeben worden ist. Man hat aber für nöthig befunden, diesen, die interessirte Partei sichernden Erfolg an eine Bedingung zu knüpfen: er soll nur eintreten, wenn der Schriftsatz „innerhalb einer Frist von zwei Wochen nach der Einreichung bei dem Gerichtsschreiber" thatsächlich zugestellt wird. — Weshalb dies? Die Begründung der Vorlage bemerkte: „diese Beschränkung erscheint um deswillen geboten, weil sonst die Partei für die Fälle, in denen unter Vermittelung des Gerichtsschreibers ein Gerichtsvollzieher mit der Zustellung beauftragt wird, freie Hand hat, durch Weisungen an den letzteren die Ausführung der Zustellung beliebig hinzuziehen und damit zum Nachtheile des Gegners die Sache in der Schwebe zu erhalten". (93.) Der in der Kommissionsberathung gestellte Antrag auf Streichung der Worte: „innerhalb einer Frist von 2 Wochen" wurde mit gleicher Begründung abgelehnt.

Gewiß, das ist subtil genug von unserem die Praxis beherrschenden „Gesetzgeber" erwogen worden; — aber solche Behutsamkeit giebt doch auch zu denken! Die Bestimmung bezieht sich in der Hauptsache wohl auf den Anwaltsproceß, die selbst den Streit führende Partei wird schwerlich auf einen solchen Weg zur Proceßhinhaltung verfallen. In der pflichtmäßigen Thätigkeit des Anwalts aber, soweit Anwaltzwang in Betracht kommt, steckt immerhin ein öffentlich rechtliches Moment, — das läßt sich nicht wegdisputiren. Und trotzdem wird hier dem Anwalt, der ein zu Gunsten seiner Partei vom Gesetze gegebenes Privileg benutzt, alsbald zugemuthet, daß er solches Privileg zur Benachtheiligung der Gegenpartei verwerthen werde! Freilich, wenn einmal Formalvorschriften, wie die für die Zustellung gegeben sind, so ist die Betonung der Form ein processualisches Recht der Partei; indessen das Uebermaß der Formalisirung, zu dem unsere Proceßprincipien geführt haben, hat eben die Folge, daß immer mehr der Proceß sich zum Kriegsspiele entwickelt, das regelmäßig von der „findigeren" Partei gewonnen wird. Jene Beschränkung im § 207 lehrt, wie sehr unser Gesetzgeber damit rechnen muß, etwaigen „Kriegslisten" den Weg zu verlegen.

Aber die Novelle hat uns auch eine Bestimmung gebracht, deren Werth darin zu erblicken ist, daß unumwunden anerkannt wird, die äußersten Consequenzen des Zustellungsformalismus dürften nicht unbedingt gezogen werden. Unsere Rechtsprechung mußte wohl oder übel bisher anerkennen, daß jede Verletzung einer gesetzlichen Formvorschrift Ungültigkeit der Zustellung herbeiführe; und zwar auch dann, wenn unzweifelhaft das zuzustellende Schriftstück rechtzeitig in die Hände der in Frage kommenden Partei gelangt sein sollte. Namentlich bei den Ersatzzustellungen konnte danach ein Versehen des Gerichtsvollziehers die zustellende Partei schädigen, indem es dem Gegner, im Rechte auf Betonung einer Formverletzung, eine — ich möchte sagen: legalisirte Chicane offen hielt. Die Novelle hat nun, wenn auch einstweilen höchst behutsam, in diesem Punkte Abhilfe geschafft. Der darauf hin in das Gesetz neu aufgenommene § 187 lautet bekanntlich: „Ergiebt sich aus den Erklärungen einer Partei, daß eine ihr unter Verletzung der Vorschriften der §§ 181—186 (Ersatzzustellung) zugestellte Ladung in ihre Hände gelangt ist, so ist die Zustellung als mit dem Zeitpunkte bewirkt anzusehen, in welchem die Partei nach ihren Erklärungen die Ladung erhalten hat."

Das Geschenk des Gesetzgebers ist arg verklausulirt, die Fassung giebt allerlei Zweifeln Raum. Die Praxis wird gewiß im Sinne des Gesetzes handeln, wenn sie demselben möglichst weite Anwendbarkeit schafft. Der Wortlaut des Paragraphen zielt zunächst offenbar nur ab auf eine processuale, des Beweises nicht weiter bedürfende Parteierklärung. Die Begründung bemerkt: „Wie die Erklärung von der Partei abgegeben wird, ist unerheblich. Insbesondere steht daher der Erlassung eines Versäumnißurtheils nichts entgegen, wenn aus den in einem vorbereitenden Schriftsatz enthaltenen Erklärungen sich ergiebt, daß die ausgebliebene Partei die

Ladung rechtzeitig erhalten habe.“ (94.) Dies bindet natürlich nicht den Richter, und unter Umständen wird es doch vielleicht bedenklich sein, die Auffassung der Begründung durchzuführen. In Theorie und Praxis dürfte doch feststehen, daß der Inhalt vorbereitender Schriftsätze nicht bindende Erklärungen umfaßt, sondern nur die für die mündliche Verhandlung in Aussicht genommenen Erklärungen ankündigt. Damit läßt sich die Ausführung in der „Begründung“ kaum in Einklang bringen. Das Gesetz selbst kann freilich anderes bestimmen und eine solche Ausnahmebestimmung hinsichtlich der Bedeutung einer im vorbereitenden Schriftsatze abgegebenen Erklärung findet sich bekanntlich auch im § 423: „Der Gegner ist auch zur Vorlegung derjenigen in seinen Händen befindlichen Urkunden verpflichtet, auf welche er im Processe zur Beweisführung Bezug genommen hat, selbst wenn dieses nur in einem vorbereitenden Schriftsatze geschehen ist.“ Aber das ist eine ganz singuläre Vorschrift, gerade ihr Bestehen spräche gegen die Zulässigkeit analogen Vorgehens im Falle des § 187. Correct, jedenfalls zulässig ist für den vorbereitenden Schriftsatz die Anwendung des Futurums: „ich werde beantragen, ich gedenke Folgendes zu erklären“. — Wäre das nun in der That eine bindende „Erklärung“ im Sinne des § 187 und der ihm vorausgeschickten Begründung? Und soll etwa der doch ganz nebensächliche Unterschied der gewählten Redeform entscheiden: „ich werde erklären“ oder „ich erkläre“?[20])

Man sieht, es ist gar nicht so leicht einen einfachen natürlichen Gedanken zur Geltung zu bringen im Rahmen des überspannten Formalismus unseres Gesetzes: außerhalb des Processes haben regelmäßig mündliche und schriftliche Erklärung gleiche Bedeutung und Wirkung; im Processe wird regelmäßig nur die mündliche Erklärung berücksichtigt, zu der im Falle des § 297 dann noch hinzutreten muß die schriftliche Abfassung; — nun aber erklärt unser Gesetzgeber selbst beiläufig für selbstverständlich, daß gelegentlich auch die allein schriftliche Erklärung bindend für die Partei, zu ihren Ungunsten wirksam sei —? Aber spiegelt sich in dieser Bemerkung der „Begründung" nicht der Nothstand der Praxis wieder, die, weil für die principielle gesetzliche Mündlichkeit eben nicht das nothwendige Maß an Zeit zur Verfügung steht, in ungesetzlicher Weise die richterliche Instruktion sich aus den Schriftsätzen holen muß und allmählich so dazu gelangt, die schriftlichen Erklärungen gleich den mündlichen zu berücksichtigen.

Im Hinblick auf die künftige Generalrevision wäre es — nach meiner Stellung zum Gesetze — ja auch als Fortschritt, oder wenigstens als guter Entschluß zum Fortschritt zu begrüßen, daß in der amtlichen Begründung unserer Gesetzesvorlage die mündliche Erklärung und der Inhalt eines vorbereitenden Schriftsatzes — wenn auch nur für einen speciellen Fall — nicht mehr schroff auseinander gehalten wurden!

Weit größere Bedeutung aber hat in meinen Augen die abändernde Bestimmung der Novelle ihrem Zwecke nach. Sie bringt, wenn auch an einem anscheinend recht nebensächlichen Punkte, einen Grundsatz zur Geltung, ohne den unser Rechtsgang auf die Dauer doch nicht unser Volk befriedigen kann. Ich meine den Gedanken, daß die im Proceßrechtsverhältnisse zu einander stehenden Parteien auch im Rechts streite bona fides zu bewähren haben.

Übrigens legen die Kommissionsverhandlungen v. J. 1898 zur Genüge klar, daß unser Zustellungswesen sein Leben über die Novelle hinaus nur auf Grund eines äußeren Umstandes zu fristen vermocht hat: im gegebenen Zeitpunkte blieb nicht genug Muße zu völliger Umgestaltung des betreffenden Gesetzesabschnitts. Man beschied sich wegen Mangels an Zeit, aber vorher fiel doch die Bemerkung, daß eine durchgreifende Verbesserung der Zustellungsvorschriften „erst nach Beseitigung des Parteibetriebs möglich erscheine, indem gerade dieser die Wahrung der Fristen an Zustellungen knüpfe". Und als aus dem Schoße der Reichstagskommission der Antrag gestellt wurde, den Abs. 1 des (jetzigen) § 317 folgendermaßen zu fassen: „die Urtheile sind den Parteien von Amtswegen zuzustellen", da wurde nicht etwa eingewandt, daß das ja ein tödtlicher Schlag gegen den Parteibetrieb wäre. Der Vertreter der verbündeten Regierungen sagte vielmehr zu, „daß die mit dem Vorschlag angeregte Frage bei der demnächstigen Generalrevision der Civilproceßordnung einer eingehenden Prüfung unterzogen werden solle" — und erst daraufhin wurde der Antrag zurückgezogen. (330.)

Und heute, 4 Jahre seit jenen Verhandlungen, ist die Lage bereits eine ganz andere! Von maßgebender Stelle sind die durch den Parteibetrieb bei den Collegialgerichten gezeitigten Zustände: Verzögerung der Processe, Beeinträchtigung der Gerichte bei der Disposition über die Arbeitsbewältigung — als unleidlich dargestellt worden. Die allezeit rührige und aufmerksame ständige Deputation des deutschen Juristentages hat sich wieder ein Verdienst erworben, indem sie die Frage der „Abgrenzung von Richterrecht und Parteibetrieb im Civilproceß" auf die Tagesordnung setzte, — und bereits liegt ein ausführliches Gutachten des Oberlandesgerichtsraths Dr. Ernst Neukamp vor, das auf Grund reichen statistischen Materials zu dem Ergebnisse gelangt, „daß der Proceßbetrieb durch die Parteien bei einem auf dem Grundsatze der Mündlichkeit aufgebauten Verfahren die bedenklichsten Proceßverschleppungen zur Folge hat. Ganz charakteristisch ist in dieser Hinsicht, daß gerade in denjenigen Ländern, in denen, wie in Frankreich und Belgien, der Grundsatz des Parteibetriebes am reinsten zur Ausgestaltung gelangt ist, die Processe bei weitem am längsten dauern, — (für Frankreich wird nach dieser Richtung der Justizbankerott dargethan) — daß dagegen umgekehrt in Österreich, das den Proceßbetrieb ausschließlich in die Hand der Gerichte gelegt hat, die Erledigung der Processe in einer geradezu verblüffend schnellen Weise vor sich geht."[21]). Die Reformvorschläge des Referenten befürworten die völlige Beseitigung des Parteibetriebes; es soll wieder zur ausschließlichen richterlichen Proceßleitung zurückgekehrt werden, wie sie allenthalben in Deutschland bis gegen die Mitte des 19. Jahrhunderts, zum Theil noch bis zum Inkrafttreten der Civilproceßordnung in Geltung war. — Nur wenig Wochen — und der erste Kampf auf dem weiten Streitgebiete wird beginnen. Daß alle Kämpfer in der Rüstung der bona fides auftreten werden, dafür bürgt uns die ganze Vergangenheit des deutschen Juristentages, und es handelt sich ja auch um theure, wichtige Güter unseres Volkslebens. —

Im 48. Bande der Entscheidungen des Reichsgerichts findet sich (auf S. 418) in der Begründung des Beschlusses der vereinigten Civilsenate vom 29. Juni 1901 folgende Ausführung:

„Es muß als ein bedauerlicher Mißstand bezeichnet werden, daß die seit dem Jahre 1879 geltende Civilproceßordnung die Einlegung der Berufung und der Revision in einer Weise geregelt hat, durch welche die Rechtspraxis mit solchen Schwierigkeiten belastet wird, die nicht selten sogar dahin führen, daß die Verfolgung des materiellen Rechtes an einem Verstoße gegen nicht leicht zu beherrschende Formvorschriften scheitert. Es handelt sich hierbei darum, daß diese ganze Rechtsmitteleinlegung nach dem Gesetze durch Zustellungen auf Parteibetrieb ohne Mitwirkung des Gerichtes erfolgt; hier kommt insbesondere in Betracht die Urtheilszustellung durch Parteibetrieb, statt von Amtswegen."

Also auch unser höchstes Gericht als Gegner des französischen Proceßbetriebes durch die Parteien!

Accipio omen!! — — —

Mündlichkeit und Schriftlichkeit.

Die Schöpfer der Civilproceßordnung waren der felsenfesten Überzeugung, daß nur auf der Grundlage „wahrer", „ganzer", „reiner" Mündlichkeit ein den modernen Ansprüchen genügendes Civilstreitverfahren aufgebaut werden könne. Leonhardt erfand dann den Inhalt der „reinen Mündlichkeit": „nur das gesprochene Wort" findet Berücksichtigung. Dies wurde zum formalen Eckstein unseres Gesetzes, ein Satz den, soviel ich weiß, in dieser Schärfe kein anderes Recht kennt, jedenfalls nicht das Mutterrecht unseres Gesetzes, das französische: wenn dem französischen Gerichte die Sache zu kraus wird, so hält es sich einfach an die von den Anwälten niederzulegenden dossiers, und das Urtheil ergeht auf dieses schriftliche Material hin (vgl. Code de pr. c. 93ff.).

Noch nicht 10 Jahre war unsere Proceßordnung in Kraft, da hatte Otto Bähr bereits den Muth, die formale Grundlage als verfehlt zu bezeichnen und in aller Offenheit die Nachtheile und Verkehrtheiten, die daraus entständen, darzulegen. An der zum Theil maßlosen Heftigkeit, mit der die Vertheidiger des Gesetzes auf den Plan traten, läßt sich ermessen, wie schwer der Angriff des scharfsinnigen, erfahrenen, klar blickenden Praktikers getroffen hatte. In der That, — ganz erholt hat sich das „Mündlichkeitsprincip" nicht mehr von Bährs wohlgezielten Streichen.[22]) Die absolute Mündlichkeitschwärmerei hat zum mindesten an Sicherheit verloren, oder doch — an Bescheidenheit gewonnen. Aber auch die

Gegner der „Mündlichkeit", eingedenk des Lärms, den jene literarische Fehde verursacht hatte, pflegen vorsichtig aufzutreten. Recht üblich ist die Formel: „von dem Grundsatze der Mündlichkeit soll „natürlich" nicht abgewichen werden, aber" — und dann folgt irgend ein höchst einleuchtender, praktischer Vorschlag, der „speciell für einen solchen Fall", „speciell nach dieser Richtung hin" auf ausgedehntere Zulassung von Schriftlichkeit, auf Durchbrechung des „großen Princips" abzielt. Gefährlicher war schon diese Bemerkung: „Von dem Princip der Mündlichkeit darf nicht abgewichen werden, das ist zweifellos, aber diese Wohlthat darf auch nicht zur Plage werden! Darum sollte der Gesetzgeber gestatten, von der Mündlichkeit insoweit Abstand zu nehmen, als alle Betheiligten darauf verzichten." — Das war der Standpunkt der preußischen Novelle vom 1. Juni 1833![23])

Dieses absteigende Stadium der Mündlichkeitsverehrung zeigt sich deutlich auch in den Verhandlungen von 1898. Und selbst offene Gegner sind aufgetreten. So der Abg. Rintelen mit den Ausführungen: „Was die Mündlichkeit betrifft — ja, mir hat ein sehr berühmter Jurist gesagt: es wird jetzt mehr geschrieben als früher. — „Nun die Unmittelbarkeit der Verhandlung! — (die Zeugen werden kommissarisch vernommen) und dann ist es schließlich doch keine Unmittelbarkeit der Verhandlung — — die Gerichte sind sich vollständig bewußt, daß das gesetzwidrig ist; sie sagen aber: wir können das nicht ausführen. Es ist das ein Beweis davon, daß die Verfasser der Civilproceßordnung mehr der Theorie gehuldigt haben als dem practischen Leben, der practischen Ausführbarkeit vieler ihrer Vorschriften" (197).

Neu sind diese Mittheilungen ja gerade nicht, sie sind aber auch unwiderlegt geblieben, so daß der Abg. Lenzmann gar seine Rede beginnen konnte mit den Worten: „Es freut mich — vor allen Dingen, daß die sämmtlichen Redner in dem einen Punkte übereinstimmen, daß unsere Civilproceßordnung nichts taugt, — — daß das gegenwärtige Gesetz — reformbedürftig ist, und auch das Eingeständniß liegt vor, daß die Reformen, die die verbündeten Regierungen mit unserer Hilfe jetzt vorzunehmen gedenken, nicht ausreichend sind, sondern nur als eine ganz geringe Abschlagszahlung betrachtet werden dürfen auf das große Reformwerk, welches sich an die Civilproceßordnung noch anknüpfen wird und muß." (Der Abgeordnete hatte sich für den preußischen Proceß, wie er bis zum Jahre 1879 in Geltung war, ausgesprochen, 243.)

Zur Charakterisirung des derzeitigen Urtheils der Praxis über das Gesetz sind diese rednerischen Kundgebungen doch wohl verwerthbar. Bewußtes Eintreten für die schroffen Mündlichkeitsgrundsätze der Civilproceßordnung findet sich, wenn ich recht sehe, nur bei den rheinischen Juristen, und diese Gruppe wird sich vermuthlich zu anderer Ansicht niemals bekehren. Es handelt sich dabei um ein Stück Particularismus zähester Art, das überwunden werden muß, wenn wir eine nationale Gestaltung unseres Civilprocesses durchführen wollen. Die geschichtliche Berechtigung, zum mindesten Begründung kann ich gerade diesem Particularismus nicht absprechen, wohl aber die nationale; denn die Geschichte, auf die er sich stützt, ist eben die außerhalb Deutschlands verbrachte Zeit, die „Franzosentid". — Es darf nicht vergessen werden, daß ohne die Rheinländer und ihre so überzeugte wie geschickte Agitation Deutschland niemals die Civilproceßordnung erlangt hätte, die auf französischen, wenn auch mit dem Umwege über Genf übernommenen Grundsätzen ruht.

Von dieser, aber auch nur von dieser Seite aus meint man sogar nicht ohne relative Folgerichtigkeit: gewisse Mängel unseres heutigen Verfahrens zu beseitigen durch — noch engeren Anschluß an das französische Recht! So sagte der Abg. Trimborn im Reichstage: „Ich weiß nicht, ob man so weit gehen soll, die Feststellung des Thatbestandes wieder (!) in die Hände der Anwälte zu legen. Unsere Richter würden dadurch außerordentlich entlastet werden; der französische und auch der bayerische Proceß kannten diese Einrichtung. Der Franzose sagte: der Richter hat nur zu urtheilen, die Parteien haben ihm das Faktum entgegenzutragen sowohl in mündlichem Vortrag als in schriftlicher Festsetzung. Im mündlichen Vortrag erwidert er den Vortrag der Parteien mit dem Urtheil, und nach dem Vortrag wird der Thatbestand schriftlich ihm noch einmal unterbreitet. Er nimmt seine Feder und schreibt das Urtheil darunter. Sie sehen, wie sehr der französische Gesetzgeber darauf bedacht war, die edle und erhabene Funktion des Richters von allem geschäftlichen Ballast, namentlich vom Schreibwerk, frei zu halten!" (238.)

Ja, das ist eben die französische Auffassung, die wir nach unserer Vergangenheit uns nicht anzueignen vermögen, die wohlklingende Lehre von der „Reinhaltung des Richteramts", die doch in Frankreich sich sicher vielfach mit Rücksicht auf die Bequemlichkeit des Richters, zum Theil wohl auch aus Mißtrauen gegen ihn, herausgebildet hat. Von deutschen Richtern, die nicht am französisch-rheinischen Proceß erzogen sind, wird der weit überwiegende Theil in solchen Einrichtungen eher eine Herabsetzung des Richters erblicken, jedenfalls dieselben für verkehrt, für ganz unverständlich halten. Und dem Franzosen ist wiederum die deutsche Auffassung von den Pflichten des Richteramts unbegreiflich! — Es ist nicht anders: man redet aneinander vorbei! — Das ist aber mit nichten verwunderlich. Für die Rheinländer war der code de procedure civile ein Retter aus den ungünstigsten Gerichtsverhältnissen. Sie haben den späteren gesunden Ausbau unseres gemeinen Processes durch die deutsche Particulargesetzgebung nicht miterlebt, sie haben reichlich $^3/_4$ Jahrhundert außerhalb der deutschen geschichtlichen Entwickelung des Gerichtswesens gestanden; — Zeit genug, um für diese nationaleren Bildungen jedes Verständniß zu verlieren![24])

Freilich ist auch der Abg. von Buchka (218) den Angriffen Rintelens entgegengetreten: „Ich halte es vielmehr für einen ganz besonders glücklichen Griff, daß die verbündeten Regierungen ihrer Zeit, als es sich darum handelte, eine neue Civilproceßordnung für das neugegründete Reich zu schaffen, dieser neuen Reichscivilproceßordnung die vorzügliche hannoversche Civilproceßordnung mit ihrem Grundsatze der Unmittelbarkeit und Mündlichkeit des Verfahrens zu Grunde gelegt haben, und ich meine, die Civilproceßordnung, wie sie damals entstanden ist und im Jahre 1877 verabschiedet wurde, bedeutet keinen Rückschritt, sondern einen sehr erheblichen Fortschritt gegenüber der preußischen allgemeinen Gerichtsordnung" (gemeint ist wohl der neupreußische Proceß, wie er sich auf Grund der Novellen von 1833 und 1846 gestaltete).

Diesem Urtheil kann ich nur mit erheblichen Einschränkungen beistimmen. Geschichtlich betrachtet ist die Reichscivilproceßordnung weder als Fortschritt, noch als Rückschritt zu bezeichnen, sie stellt sich dar als eine plötzliche Ausweichung zu Gunsten undeutscher (romanisch-französischer) Auffassung des Gerichtswesens. Die Begründung des von Buchkaschen Urtheils beruht aber auf einem Irrthum, der, wenn auch weitverbreitet, nichtsdestoweniger recht erheblich ist. Auch ich halte das hannoversche Proceßgesetz vom Jahre 1850 für eine überaus tüchtige Leistung, die dem damaligen Neuerungsbedürfnisse Rechnung trug, ohne doch principiell mit der deutschen Rechtsvergangenheit zu brechen. Man darf nicht übersehen, daß Leonhardt die deutschrechtliche Proceßcäsur mit vorausgehender die Beweislast zugleich regelnder Verfügung beibehalten hatte; daß das Beweisstadium gemeinrechtlich gegliedert, dem Eventualprincip unterworfen war; daß Bestimmungen vorgesehen waren, die eine völlig ausreichende Protokollirung der mündlichen Verhandlung sicherten! Ein solches Verfahren setzte sich keineswegs zu dem damaligen preußischen in unversöhnlichen Gegensatz. — Richtig ist auch, daß man anfänglich (1864, 1866) die hannoversche Proceßordnung dem geplanten allgemeinen deutschen Proceßgesetze zu Grunde legen wollte, namentlich wollte das der hannoversche Reformator selbst. Aber trotz aller Energie drang Leonhardt doch nicht durch, und späterhin vollführte er dann — wie mir scheint halb widerwillig und deshalb auch ohne rechten Erfolg — jenen „Aufbau — vom Fundament aus",[25]) den unsere Civilproceßordnung darstellt. Dieses unser Gesetz von 1877 hat dann aber kaum noch Zusammenhang mit der „vorzüglichen hannoverschen Civilproceßordnung", auf welche letztere vielmehr die neue österreichische Gesetzgebung mit Geschick und Erfolg zum Theil zurückgegriffen hat.[26])

Doch die vorstehenden Ausführungen sollten nur im allgemeinen den Umschwung kennzeichnen, der sich schon zur Zeit der Novellenberathung in der Bewerthung des „Mündlichkeitsprincips" vollzogen hatte. — Das stand ja fest, daß in der kurzen, für die Erledigung der Novelle nur verfügbaren Zeit eine ganz neue Civilproceßordnung nicht hergestellt werden konnte, und eines ganz neuen Gesetzes hätte es bedurft, um aus dem bisherigen die Mündlichkeitsüberspannungen auszumerzen.

Aber von einer anderen Seite hat man doch versucht, gegen einige übertriebene Consequenzen des Leonhardtschen Princips Stellung zu nehmen. Die Initiative der Bundesregierungen hat dabei im ganzen erfreulichen Erfolg gehabt. Daß auch die „reinste" Mündlichkeit principiell sich vereinigen lasse mit protokollarischer Fixirung der mündlichen Verhandlung, dürfte nicht zu bestreiten sein, — am allerwenigsten in unserer steno- und gar phonographie- (oder grammophonie-?) frohen Zeit! Man kann ja auch bei vorhandenem Protokoll das thun, was die Civilproceßordnung im Sinne der Leonhardtschen Begründung vorschreibt und was doch heute nirgends ausgeführt wird: man kann ja in jedem neuen Termine alles frühere Vorbringen aufs neue wiederholen. Die Verfasser der Civilproceßordnung sind aber bekanntlich von einer unbestimmten und um so größeren Furcht vor jeder Protokollirung befangen gewesen: ein Protokoll, also ein Stück Schriftlichkeit, wäre doch eine Durchbrechung des großen Princips! So kam es zu den Einschränkungen der Protokollirung, die im landgerichtlichen Verfahren nur zum Theil (wegen der vorbereitenden Schriftsätze) erträglich waren, für das amtsgerichtliche Verfahren aber, wenn vollständig durchgeführt, unleidliche Zustände herbeiführen mußten. Für das amtsgerichtliche Verfahren nun hat die Novelle sehr erhebliche Besserung gebracht. Es ist nicht ohne Interesse, den Gang der Verhandlungen zu verfolgen.

Die Begründung (112) führte aus: „Die geltenden Vorschriften über die Protokollirung im amtsgerichtlichen Verfahren haben sich Angesichts des Umstandes, daß vorbereitende Schriftsätze häufig überhaupt nicht gewechselt werden, als unzureichend erwiesen. Oft ist aus dem Protokolle nicht einmal ersichtlich, ob eine kontradiktorische mündliche Verhandlung stattgefunden hat. In Folge dessen fehlt es dann namentlich bei einem Wechsel in der Person des Richters an jedem Anhalte für die Feststellung des Ergebnisses der früheren Termine. Hiernach erscheint der von vielen Seiten geäußerte Wunsch, es mögen die Anträge und Erklärungen der Parteien in größerem Umfang als bisher durch Protokollirung festgehalten werden, berechtigt, und der Entwurf kommt diesem Wunsche insoweit entgegen, als es ohne wesentliche Gefährdung der Mündlichkeit (!) und ohne übermäßige Belastung des Richters möglich ist." Für den bisherigen § 470 wurde hiernach folgende Fassung vorgeschlagen:

„Anträge, Geständnisse, sowie die Erklärungen über Annahme oder Zurückschiebung zugeschobener Eide sind durch das Sitzungsprotokoll festzustellen; anstatt der Feststellung genügt die Bezugnahme auf den Inhalt eines vorbereitenden Schriftsatzes.

Sonstige Erklärungen einer Partei sind durch das Protokoll insoweit festzustellen, als das Gericht bei dem Schlusse der mündlichen Verhandlung die Feststellung für angemessen erachtet."

Die Begründung weist noch darauf hin, daß hiernach „der Richter, wenn er die Feststellung für erforderlich erachtet, sie bei dem Schlusse der mündlichen Verhandlung, in welcher die Erklärung erfolgt, zu bewirken hat, und nicht erst bei dem Schlusse der Verhandlung, auf welche das Urtheil oder ein Beweisbeschluß ergeht". Allein, ganz klar bringt der Text dies wohl nicht zum Ausdruck, und es ist nicht abzusehen, weshalb diese wichtige Erläuterung nicht unzweideutig dem Gesetze einverleibt, sondern nur in der „Begründung", die doch keine authentische Interpretation geben kann, erwähnt wurde. Im alten § 470 hieß es „bei dem Schlusse der mündlichen Verhandlung auf welche das Urtheil oder ein Beweisbeschluß ergeht". Im neuen § 509 sind die vorstehend gesperrten Worte weggefallen. Es bleibt nur übrig: „bei dem Schlusse der mündlichen Verhandlung". Bekanntlich spricht unser Gesetz wiederholt von Sitzungen und Terminen zur Fortsetzung der mündlichen Verhandlung und meint damit die fälschlich so genannte „Einheit der Verhandlung", die Gesammtheit der mündlichen Einzelverhandlungen (§§ 136 3, 228 2, 370 1) und ebenso spricht sich der § 136 Abs. 4 aus: „der Vorsitzende — schließt die Verhandlung, wenn — die Sache vollständig erörtert ist"! Möglich wäre es also immerhin, auch jetzt noch, trotz jener Streichung, aus dem heutigen § 509 dasselbe herauszulesen, was einst im alten § 470 stand, daß nämlich die Protokollirung nur wofern die Sache zu einer „Entscheidung" reif sei, erfolgen dürfe. Die Praxis wird hoffentlich eine derart formalistische Interpretation nicht zur Geltung bringen. Denn mit jener alten Bestimmung war eben nichts geboten, höchstens eine Erleichterung für die Anfertigung des Thatbestandes im Urtheil! — Das war doch ein schier wunderbares Zeugniß der Furcht des „Gesetzgebers" vor dem gefährlichen Protokoll, das vielleicht doch unser „Mündlichkeitsprincip" discreditiren könnte. Man hatte lieber die Mißstände heraufbeschworen, die in der oben wiedergegebenen „Begründung" dargelegt sind, als daß man der bösen Schriftlichkeit den „einen Finger" geboten hätte. Es war eben eine befangene Zeit, die über das neue „Princip" hinaus nichts gelten lassen wollte, und die doch wieder Mißtrauen genug gegen die Kraft dieses Princips offenbarte, dem sie mit derart kleinlichen und verhängnißvollen Mitteln glaubte Sicherung geben zu müssen. Zur Zeit der Berathung der Novelle stand man freier da, die neue Bestimmung im § 509 wurde in der Reichstagsverhandlung garnicht beanstandet. In der Kommission hatte die Vorlage allerdings eine Veränderung erlitten, die mir aber nicht gerade erheblich erscheint: die protokollarische Feststellung von Geständnissen ist nicht schlechthin vorgeschrieben, sondern dem richterlichen Ermessen überlassen: es wird wohl schwerlich ein Amtsrichter die schriftliche Fixirung eines relevanten Geständnisses für überflüssig, für unangemessen halten!

In der Kommission wurde die Neuordnung des amtsgerichtlichen Protokolls hauptsächlich vom Delegirten des preußischen Justizministeriums vertreten: „die Frage nach der Abgrenzung der Gebiete von Schriftlichkeit und Mündlichkeit sei keine grundsätzliche, sondern eine Zweckmäßigkeitsfrage. Daher seien bei Prüfung der Anträge nicht sowohl principielle Erwägungen, sondern die practische Erfahrung als maßgebend zu erachten". — „Wenn man auch in Bayern günstigere Erfahrungen gemacht haben möge, so seien doch in Preußen die Klagen über das Hinschleppen der Amtsgerichtsprocesse durch zahlreiche Termine und über das Fehlen jeder Feststellung über das in früheren Terminen Verhandelte allgemein", — und dazu die zutreffende und beherzigenswerthe Äußerung: „ja das Publikum fasse es überhaupt nicht, daß der Inhalt einer früheren Verhandlung dem Gericht unbekannt bleibe!" (349.)

Daß solche Ansichten ohne weiteres in der Kommission Anerkennung gefunden hätten, läßt sich allerdings nicht behaupten. Über eine Reihe von Anträgen mußte erst abgestimmt werden, bevor man sich auf den jetzigen § 509 einigte. Doch zeigten die Verhandlungen immerhin, daß das Vertrauen allein auf die Mündlichkeit und zugleich die absolute Scheu vor jeder Schriftlichkeit inzwischen erheblich abgenommen hatten. So wurde z. B. beantragt, die gesetzliche Bestimmung des § 129/120 „In anderen (als Anwalt=)Processen können vorbereitende Schriftsätze gewechselt werden“ zu ersetzen durch die Vorschrift „in anderen Processen kann das Gericht den Wechsel vorbereitender Schriftsätze anordnen“. Als dieser Antrag gefallen war, wurde ferner folgender Zusatz zum § 463/502 vorgeschlagen „In einem anhängigen Processe kann das (Amts=)Gericht anordnen, daß, wenn gegen einen Anspruch mehrere Gegenansprüche geltend gemacht werden, eine schriftliche Zusammenstellung dieser Ansprüche dem Gegner mitgetheilt werden muß. Eine Abschrift dieser Zusammenstellung ist der Gerichtsschreiberei zu überweisen“. Dies wurde ebenfalls verworfen. Beide Anträge verkannten ja auch Zweck und Wesen des amtsgerichtlichen Verfahrens. Ihre Stellung aber beweist, wie rege in der Praxis das Bedürfniß ist, in größerem Umfange als bisher schriftliche Unterlagen für die Verhandlung und Entscheidung zu erlangen (300, 344). Selbst der erfreulicher Weise abgelehnte Vorschlag, dem § 127/136 hinzuzufügen: „Die Berathung, Beschlußfassung oder Urtheilsfällung soll sich unmittelbar an die mündliche Verhandlung anschließen“ — lehrt von anderem Gesichtspunkte aus, daß die Urtheilsfällung ausschließlich auf Grund der gehörten Vorträge practisch doch zu Mißständen führt.

Unsere Anschauungen über die Mündlichkeit sind denn doch erheblich andere geworden, seitdem wir die Civilproceßordnung von 1877 „in practischer Bethätigung“ geprüft haben. Will man den Umschwung richtig würdigen, so muß man auf Grund der besprochenen gesetzgeberischen Verhandlungen sagen:

Damals glaubten wir ein fruchtbares „Princip“ gefunden zu haben, heute spricht man bescheidener und richtiger von einer „Zweckmäßigkeitsfrage“. Die Civilproceßordnung läßt Schriftlichkeit füglich nur gelten, soweit die Vorbereitung der mündlichen Verhandlung in Betracht kommt (vorbereitende Schriftsätze) und im Uebrigen zur Erleichterung und Sicherung des im Urtheilsthatbestande niederzulegenden gerichtlichen Zeugnisses über die Verhandlungen (das dürftige Protokoll und abermals eventuell die Schriftsätze), — Ausnahmen gelten nur für den Klageschriftsatz und die „Anträge“. Die Urtheilsfällung soll nur auf das mündliche Wort gegründet werden. — Gerade dieser Gedanke ist heute so ziemlich verschwunden. Man beräth ganz offen darüber, wie bequemere, zuverlässigere Grundlagen für die Urtheilsfällung zu beschaffen. Diesem Zwecke soll das erweiterte Protokollirungsrecht des Amtsrichters fortan dienen, und demselben Gedanken gaben Ausdruck die Anträge auf Erzwingung von Schriftsätzen auch für das amtsgerichtliche Verfahren. — Die Bewegung ist offenbar eine rückläufige, wir nähern uns wieder dem Standpunkte, den Leonhardt in den Erläuterungen zur hannoverschen bürgerlichen Proceßordnung vertritt. Es heißt daselbst z. B.: die Mündlichkeitsvorschriften „können natürlich nicht dem entgegenstehen, daß im einzelnen Falle der einzelne Richter behufs seiner Vergewisserung darüber, ob eine bestimmte thatsächliche Behauptung Gegenstand der mündlichen Verhandlung gewesen sei, oder nicht, in dem schriftlichen Vorbringen einen Anhaltspunkt suche. Dieser Satz ist schon an sich, dann aber besonders wegen des entwickelten nahen Zusammenhangs zwischen Schrift und mündlicher Rede zu natürlich, als daß er besonders hervorgehoben zu werden brauchte“, und an anderer Stelle:

„Daneben kann eine Niederschrift im Sitzungsprotokolle auch noch die weitere Bedeutung haben, daß sie in umfassenden und verwickelten Sachen dem Gedächtnisse der Richter Anhalt und Stütze gewährt.“ [27])

Aber unsere gesetzgeberischen Entschlüsse sind noch keineswegs bis zu den entsprechenden Vorschriften der „vorzüglichen hannoverschen Civilprozeßordnung“ zurückgelangt, lautete doch der § 102 jenes Gesetzes folgendermaßen: „Der Vorsitzende des Gerichts hat auf Antrag der Partei, der Gegenpartei, der beisitzenden Richter und selbst von Amtswegen zu verordnen, daß wesentliche thatsächliche Abweichungen des mündlichen Vortrages von dem schriftlichen Vorbringen durch nachträgliches schriftliches Vorbringen oder das Sitzungsprotokoll festgestellt werden“ und für das amtsgerichtliche Verfahren schrieb § 386 die „protokollarische Aufnahme der mündlichen Verhandlung“ — vor. „Es sind jedoch die Vorträge der Parteien nicht ausführlich und einzeln niederzuschreiben; vielmehr soll nur nach dem Ergebnisse derselben das Wesentliche, insbesondere das Sachverhältniß, die Streitpunkte und Schlußanträge aufgezeichnet werden; auch ist eine Bezugnahme auf etwa überreichte Schriftsätze nicht ausgeschlossen.“ In nicht der Berufung unterliegenden Sachen (bis 10 Thlr. einschließlich) „bedarf es (nach § 387) der Aufnahme eines besonderen Protokolls über die mündliche Verhandlung nicht, vielmehr genügt es, wenn das Wesentliche derselben (§ 386) in das Urtheil aufgenommen wird“.

Österreichs neues Gesetz fordert in gleicher Weise eine ausgiebige Protokollirung, und die Bestimmungen hierüber sind mit ganz besonderer Sorgfalt und Sachkenntniß ausgearbeitet. Die „erläuternden Bemerkungen“ zum Entwurf gaben bei dieser Gelegenheit dem doch wahrlich „natürlichen“

— uns aber einstweilen abhanden gekommenen — Gedanken Ausdruck, „daß, was einmal im Processe bei der Verhandlung angeführt worden, fortan für das Urtheil unverlierbar“ bleiben müsse.

Es ist gelegentlich bemängelt worden, daß ich im Gegensatze zu unserem Gesetze die hannoversche und vollends die österreichische Prozeßordnung als deutschnationale Werke bezeichnet habe. An dem hier besprochenen Punkte dürfte aber doch der Nachweis nicht schwer sein. Unsere Nachbarn jenseits des Rheins haben nun eben andere Entwickelung hinter sich, zeigen anderes Wesen als wir. Geredet wird ja auch bei uns wahrlich genug — in von Jahrzehnt zu Jahrzehnt steigender Progression. Daß aber gerades Zusammengeredete das Beste wäre, was Deutschland neuerdings leistet, werden doch wohl nur wenige behaupten wollen. Uns Deutschen, wenn wir uns nicht selbst aufgeben wollen, muß es Ernst sein mit unserer Rechtspflege, wir verlangen das Beste von ihr, wir haben gründliche Arbeit von unsern Richtern stets verlangt und unsere Richter sind selbst bestrebt uns solche zu liefern. — So schön aber auch der Reimklang von „gründlich“ und „mündlich“ — wir können uns doch nicht davon überzeugen, daß „Mündlichkeit“ allein volle „Gründlichkeit“ gewährleiste. Mit Freude und Genugthuung kann ich mich hier berufen auf den erst kürzlich veröffentlichten Ausspruch eines gewiegten Practikers und trefflichen Kenner unseres Rechts. Konrad Schneider (Oberlandesgerichtsrath in Stettin) schreibt:

„Dem langen und zum Theil lächerlich gewordenen Streite über die Bedeutung und die Vorzüge der „Mündlichkeit“ des Civilprocesses darf man das als den Kern der Sache für die collegialgerichtliche Behandlung entnehmen, daß aller wesentliche thatsächliche Streitstoff des Processes von den Parteien schriftlich zur Akte zu bringen ist, und daß die „mündliche" Verhandlung nur die Bedeutung seiner lebendigen, und zugleich das wichtig Gebliebene sichtenden Vorführung, Erläuterung und Besprechung haben darf. Nicht hier, sondern dort liegt der Schwerpunkt für die Ansammlung des Streitstoffes." — — „Auf die Schriftsätze und auf die Vollständigkeit ihrer Sachangaben, nicht auf das Gerede in der mündlichen Verhandlung, — darauf, daß aller Proceßstoff dem Gerichte übermittelt wird, nicht wie das geschieht, ist alles Gewicht zu legen." — „Die mündliche Wiederholung ist nur eine weitere Form der Vermittlung, die die Kenntnißnahme der schriftlichen Parteiäußerung dem Gerichte erleichtert; sie kann und darf sehr verschieden behandelt werden." [28])

Ich habe dem nichts hinzuzufügen und kann nur wünschen, daß diese Grundsätze baldigst für unser collegialgerichtliches Verfahren wieder Geltung erlangen. „Wieder" sage ich, denn waren das nicht die im neupreußischen, wenn auch gewiß verbesserungsfähigen Processe durchgeführten Gedanken?

Für das vom Gesichtspunkte der Gesammtrechtspflege wichtigste Gebiet unseres Gerichtswesens, für den amtsgerichtlichen Proceß hat uns aber bereits die Novelle von 1898 Hülfe gebracht. Der neue § 509 ermöglicht unserer Praxis, einen protokollarischen Amtsgerichtsproceß auszubilden, wie ein solcher Bedürfniß ist und wohl auch vielfach bisher contra legem durchgeführt worden sein mag.

Ich halte diese Neuerung für einen außerordentlichen Fortschritt!

In der Einleitung zur Begründung des Entwurfs der Novelle stand beiläufig bemerkt, daß die künftigen Erfahrungen mit dem aus der gegenwärtigen Revision sich ergebenden Processe von Einfluß sein müßten auf die spätere Generalrevision. Zu denjenigen für das Verfahren bedeutsamen, nicht schlechthin durch das Bürgerliche Gesetzbuch veranlaßten Neuerungen, auf die jene Wendung sich bezieht, gehört zweifellos die Erweiterung des amtsrichterlichen Protokolls. Die daneben wichtigsten Vorschläge wurden abgelehnt. Ich meine einmal die bereits besprochene Erhöhung der Revisionssumme und ferner den sogenannten

Vortermin.

Gerade an dieser Stelle glaube ich den bedeutsamsten gesetzgeberischen Entschluß zu erblicken, der anläßlich der Bearbeitung der Novelle überhaupt gefaßt wurde; — um so bedauerlicher, daß die von den Regierungen ergriffene, dankenswerthe Initiative völlig ergebnißlos geblieben ist. Die Reichstagskommission bereits lehnte die betreffenden Paragraphen des Entwurfs ab, und was danach — angeblich als Ersatz — geboten wurde, halte ich mit Stein für werthlos. Nach dem Kommissionsberichte zu urtheilen, der doch das Streben nach Unparteilichkeit aufweist, haben auch die Regierungsvertreter gerade diesen Theil der Vorlage nicht mit besonderer Zuversicht zu vertheidigen vermocht.

Schließlich mußte aber das alles so kommen, denn in der Gestalt, die er in der Vorlage erhalten hatte, war der „Vortermin" doch nur eine halbe Maßregel, und zugeben will ich gern, daß für eine in derselben Richtung sich bewegende, durchgreifende Gesetzesänderung der Zeitpunkt auch kaum geeignet war. Energischeres Vorgehen war aussichtslos, hätte zu scharf in das bestehende Gesetz eingegriffen, zu viele durch letzteres großgezogene Interessen und Anschauungen verletzt.

Ich muß das näher darlegen.

Der Entwurf zur Novelle wollte zwischen die §§ 312 (Versäumnißverfahren) und 313 (vorbereitendes Verfahren in Rechnungssachen) der Civilproceßordnung alter Redaction — fünf neue Paragraphen einstellen, deren Inhalt sich wie folgt kurz wiedergeben läßt:

Auf Antrag des Klägers, oder, wenn der Vorsitzende annimmt, daß die Sache ohne Streitverhandlung zu erledigen sein werde, wird im landgerichtlichen Verfahren erster Instanz zu mündlicher Verhandlung ein Vortermin bestimmt, in dem der Beklagte ohne Anwalt erscheinen darf. — Bleibt eine der Parteien aus, so ergeht nach allgemeinen Grundsätzen auf Antrag das Versäumnißurtheil. — Erscheinen beide Parteien, so kann nach Maßgabe der Verhandlung die Sache sofort durch Vergleich, Klagezurücknahme, Verzicht, Anerkenntniß erledigt werden. Bei dieser Verhandlung hat der Vorsitzende (also gleich dem Amtsrichter) dahin zu wirken, daß der ohne Anwalt erschienene Beklagte die sachdienlichen Anträge stelle; die Anträge werden protokollirt. — Findet eine Erledigung des Klageanspruchs nicht statt, so kann im Einverständnisse mit den Parteien zur sofortigen Streitverhandlung geschritten werden, wenn das Gericht solches für thunlich hält und der Beklagte ordnungsmäßig durch einen Anwalt vertreten ist. Anderenfalls wird ein Termin zur Streitverhandlung anberaumt und der ohne Anwalt erschienene Beklagte vom Vorsitzenden zur Anwaltbestellung aufgefordert. — Nur auf übereinstimmenden Antrag der Parteien wird, wenn im Vortermin die Streiterledigung nicht erfolgte, ein neuer Vortermin anberaumt.

Aus der an diesem Punkte besonders zurückhaltenden „Begründung“ mag folgendes hervorgehoben werden.

Die „Einrichtung ermöglicht es bei unstreitigen Ansprüchen dem Kläger, rasch zu einer vollstreckbaren Entscheidung zu gelangen, zugleich aber wird sie dem Beklagten, der den Klageanspruch anerkennen oder einen Vergleich schließen will, die Kosten der Anwaltsbestellung ersparen. Der Termin — hat zunächst den Zweck, die Sache ohne Streitverhandlung zur Erledigung zu bringen, — kann indessen, wenn der Klageanspruch streitig bleibt, unter Umständen auch zur Verhandlung über die Anträge der Parteien benutzt werden, und wird mit Rücksicht hierauf nicht vor einem einzelnen Gerichtsmitgliede, sondern stets vor dem vollbesetzten Gericht abgehalten.“ — „Gegenüber dem beschränkten Zwecke des Termins erscheint es unbedenklich, dem Beklagten die persönliche Wahrnehmung seiner Interessen — freizustellen. Die hiermit verbundene Minderung der Proceßkosten wird nicht selten dem Zustandekommen eines Vergleichs förderlich sein. Hinsichtlich des Klägers beläßt der Entwurf es bei dem Anwaltzwange. Die Vertretung durch einen Rechtsanwalt ist hier schon für die Erhebung der Klage wegen der damit verbundenen wichtigen Rechtsfolgen unumgänglich.“ — „In eine (Verhandlung zur Hauptsache) geht — das Verfahren im Vortermin erst über, wenn — zur Streitverhandlung geschritten wird.“ — „Die nächste Voraussetzung hierfür ist selbstverständlich, daß auch der Beklagte durch einen Rechtsanwalt vertreten ist.“ (107, 108.)

Nimmt man hinzu die Verhandlungen der Reichstags-kommission über den Vorschlag, so gewinnt man zunächst den Eindruck, daß es sich handele um eine Zusatzeinrichtung, die dem complicirten landgerichtlichen Processe eingefügt werden sollte, damit derselbe bequemer und schneller functionire. Als Erfinder dieser Zusatzeinrichtung wurde in der Kommission Wach genannt, und Wach selbst hat hervorgehoben, daß er den Vortermin im Jahre 1886 zuerst in Vorschlag gebracht habe. Gemeint ist folgende Ausführung in einer Streitschrift Wachs gegen Bähr:

Die feste, schlechthin auf die Klageschrift anzuberaumende Einlassungsfrist führe zu Verschleppungen. Die Anberaumung finde statt in einem Zeitpunkt, der noch keine Klarheit darüber gebe, welchen Zeitaufwandes diese Sache speciell bedürfen werde. In Folge dessen würden 1. die sogenannten Versäumnißsachen nutzlos verzögert, 2. das Gericht habe häufig todte Zeit, 3. alle Sachen seien einer bedauerlichen Verzögerung ausgesetzt, ein schwerfälliger ordo judiciorum müsse sich entwickeln. — „Mit dem System der Civilproceßordnung im Einklang wäre — eine Änderung des Gesetzes, welche unter Beseitigung der Einlassungsfrist für den ersten auf die Klage anzusetzenden Termin nur eine vielleicht auf 14 Tage zu bemessende und zur Anwaltbestellung (und Rücksprache mit dem Anwalt) bestimmte Ladungsfrist setzte, jenen Termin aber allein dazu dienen ließe: 1. die Versäumnißsachen zu erledigen, 2. Vergleichsverhandlungen zu pflegen, und 3. für die übrigen nach „Erklärung" des beklagten Anwalts kontradiktorisch werdenden Sachen den Verhandlungstermin so zu fixiren, daß die Inducien ausreichende Zeit zum Wechsel der Schriftsätze gewähren. Im ersten Termin — man könnte ihn nicht unpassend Einlassungstermin nennen — würde danach der erscheinende beklagte Anwalt das **Recht** auf **Vertagung** haben." — „Ob in diesem ersten Termin etwa auch Verweisungsanträge, proceßhindernde Einreden unter Verweigerung der mündlichen Verhandlung, und Anträge auf Anordnung vorbereitenden Protokollverfahrens zu hören seien, bez. letzteres von Amtswegen zu verfügen sei, könnte dem Ermessen des Gerichts anheimgestellt werden. — Ein solches Verfahren würde zur schnellsten Erledigung der Versäumnißfälle führen und unerachtet der Vertagung schon um deswillen die kontradiktorischen Sachen beschleunigen, weil ihnen der Platz an den Terminstagen nicht durch die ersteren benommen wurde. Überdies würde dadurch der allgemach unerträgliche Übelstand des Tempus vacuum an den Gerichtstagen möglichst vermieden, ohne doch den vorbereitenden Schriftenwechsel zu beengen.[29])

Gegenüber dem Entwurf zur Novelle führte **Wach** dann aus: die österreichische Civilproceßordnung sei seiner Anregung gefolgt, aber mit wesentlichen Modificationen, — sie „verlegt den Vortermin vor den Vorsitzenden oder Kommissar und hat für ihn keinen Anwaltszwang. Der Entwurf behandelt den Vortermin anders. Er erklärt ihn nicht für obligatorisch und stellt dadurch seine Existenz in Frage, nimmt ihm jedenfalls die Qualification zum regelmäßigen Sammeltermin. Er durchbricht auf beklagtischer Seite den Anwaltszwang und nimmt damit dem Termin den Vortheil des Ordinationstermins. Aber was schlimmer ist: der Entwurf ist unklar über das Wesen und den Gehalt des Vortermins; dieser ist, so wie er gedacht wird, **unvereinbar mit dem System und den Grundlagen der Civilproceßordnung** — man mache den Vortermin obligatorisch und behalte für ihn den Anwaltszwang bei. Das Äußerste, was hier zulässig wäre, ist, daß man rechtsgeschäftliche Streiterledigung (Vergleich, Verzicht,

Anerkenntniß, Klagezurücknahme) zwischen Kläger und Beklagtem in Abwesenheit der Rechtsanwälte für zulässig erklärt."[30])

Damit war für die Kommissionsberathung die Richtung, für den Angriff gegen die Vorlage das Rüstzeug gegeben. —

Die Verhandlungen haben nicht gerade neue Gesichtspunkte zu Tage gefördert. Die Vorlage wurde schon in der ersten Lesung abgelehnt und fand in der zweiten keinen Vertreter mehr. Nicht wenig hat zu diesem Ergebnisse mitgewirkt das unbestimmte Gefühl, daß der Vorschlag mit dem „System", mit den „Grundlagen der Civilproceßordnung" „unvereinbar" sei. Als ob bei einer Wohlfahrtseinrichtung von so hoher Bedeutung wie das Verfahren in bürgerlichen Streitsachen es darauf ankäme, ob jede einzelne Vorschrift sich bequem in ein landläufiges theoretisches System einfügen lasse! Und welche Ketzerei, an den „Grundlagen" unseres Gesetzes zu rütteln; wäre es auch nur durch Festlegung von Ausnahmen für bestimmte Fälle, die nicht einmal die Streitverhandlung im engeren Sinne, sondern nur das Vorstadium derselben betreffen! Andererseits ließ sich ja nicht von der Hand weisen, daß — wenn die „Grundlagen" des bestehenden Gesetzes in Frage gestellt werden sollten — der damalige Zeitpunkt ungeeignet war, weil zur Überlegung der Consequenzen die Zeit zu kurz bemessen erscheinen mußte. Immerhin war auch diese Erwägung nicht entscheidend, nachdem die Begründung des Gesetzentwurfs besonders betont hatte, man wolle die Erfahrungen mit dem so umgestalteten Processe erst abwarten, um sie eventuell für die Generalrevision zu verwerthen. Und auch die unaustilgbare Sympathie für den französischen Proceß, die ja so wesentlichen Antheil an der Gestaltung unserer Civilproceßordnung gehabt hatte, tritt in den Kommissionsverhandlungen zu Tage: „Es sei ja richtig, daß sich die — Regelung (wie sie im Gegensatze zur Regierungsvorlage in der Kommission beantragt wurde) in der Richtung des französischen Rollensystems sich bewege. Aber die Macht der Verhältnisse (?) dränge eben die Praxis immer mehr aus dem Terminsystem in das der Rolle, woraus man vielleicht den Schluß ziehen dürfe, daß das letztere am Ende doch das practischere sei" (?).[31])

Kurzum — der „Vortermin" war sehr bald begraben, und im Reichstage selbst wurde über diesen Vorschlag überhaupt nicht mehr verhandelt; die Streichung der Paragraphen der Regierungsvorlage wurde „stillschweigend" angenommen und ebenso geschah's mit den Abänderungen, die von der Kommission, eben mit Rücksicht auf jene Streichung, beschlossen worden waren. Denn etwas mußte doch geschehen zur Beseitigung der Übelstände, denen die Regierungsvorlage hatte entgegentreten wollen: „maßgebend war — der Gedanke, daß die Kommission, nachdem sie den Vortermin abgelehnt, unbedingt einen Ersatz bieten müsse, welcher die Grundgedanken dieser Einrichtung, soweit sie allseitige Anerkennung gefunden, gesetzgeberisch verwerthe".[32])

Aber dieser so zuversichtlich verkündete Ersatz war kein solcher, und die „Grundgedanken" der Einrichtung des Vortermins fanden vollends dabei keine gesetzgeberische Verwerthung!

Die von der Kommission beliebten, vom Reichstag angenommenen Änderungen beschränken sich nun auf folgendes: § 244 der früheren Gesetzesredaction (vorbereitende Klagebeantwortung innerhalb der ersten zwei Drittheile der Einlassungsfrist) ist gestrichen, im neuen § 262 (früher 234) ist die Einlassungsfrist auf „zwei Wochen" verkürzt, während sie früher einen Monat betrug, und im § 261 (233) findet sich als Abs. 2 die Einschiebung: „Der Termin soll nur soweit herausgerückt werden, als es zur Wahrung der Einlassungsfrist geboten erscheint." — Wer unvorbereitet diese neuen Bestimmungen im Gesetze liest, wird schwerlich selbst herauszuschälen vermögen, was man in dieselben hineingeheimnißt hat. Mit Recht bemerkt Stein: „nirgends hat diese Kommission ihre Eigenart, das Beabsichtigte neben das Gesetz statt in das Gesetz zu schreiben, so drastisch bethätigt wie hier".[33])

Der Kern der Sache ist dieser: die zweiwöchige Einlassungsfrist ist dermaßen kurz, daß eine Vertagung im ersten Termin, die auch bis dahin häufig genug stattgefunden hatte, nunmehr stets unausbleiblich ist, — wenn nicht eine Erledigung der Sache durch Versäumnißurtheil, Verzicht, Vergleich, Anerkenntniß erfolgt. Dies war nach französischem Beispiel gerade gewollt. Wird die Sache nicht sofort im ersten Termin erledigt, so hat jetzt das Gericht die Möglichkeit, mit dem Anwalt auch des Beklagten Rücksprache zu nehmen und den nächsten Termin so anzuberaumen, daß die Verhandlung mit genügender Vorbereitung der Anwälte stattfinden kann, daß mithin eine abermalige Vertagung nicht zu erwarten steht. — Also: statt einer möglichen, wenn auch zuweilen wahrscheinlichen, — wird eine nothwendige Vertagung herbeigeführt, ohne daß doch deshalb die abermalige Vertagung im zweiten Termine ausgeschlossen wäre. Dabei ist nicht einmal Zwang auf den Richter geübt, denn nur das Minimum der Einlassungsfrist („mindestens zwei Wochen") ist festgelegt, und der Richter, der sich von diesem abgeblaßten „Vortermin" nichts verspricht, kann beliebig den Ideen der Kommission die Durchführung versagen. Bei Beobachtung der neuen Bestimmungen im Sinne der Kommission läge der Hauptvortheil in der schnelleren Kenntnißnahme des Klägers von der Person des gegnerischen Anwalts; denn die Anwaltbestellung hat, wenn nicht Versäumnißurtheil ergehen soll, innerhalb der Einlassungsfrist zu erfolgen. — Von einer derart halben Maßregel (schon das ist zu viel gesagt) war ganzer Erfolg gewiß nicht zu erwarten.

Ein „ridiculus mus", verglichen mit der Vorlage!

Wie erklärt sich dieses Ergebniß? — Trifft die gewiegten Arbeiter im Reichsjustizamt und in den Ministerien der Bundesstaaten etwa der Vorwurf ungeschickter, oberflächlicher Arbeit? So steht es denn doch nicht. Die französische Einrichtung des ersten, rein formalen Termins zur Anwaltbestellung, eventuell zum Erlaß des Versäumnißurtheils, ist sicher allen bekannt gewesen. Hätte man nur das erreichen wollen, so hätte man es ohne Schwierigkeit durchgesetzt und wahrscheinlich in besserer Gesetzesformulirung, als sie von der Kommission geliefert wurde.

Aber nach der Reichstagsvorlage handelte es sich eben um mehr, weit mehr als nur diesen formalen Vortheil! Man war sich klar über die offene Wunde am äußerlich so wohlgestalteten Körper unseres Civilprocesses. In ganz behutsamer Weise sollte ein erster Schritt zur Heilung versucht werden, — ohne alle Schärfe, für die der Zeitpunkt nicht geeignet war, weil weder die Vorbereitungen ausreichten, noch auch die Wirkungen sich sicher feststellen ließen. Und mit Rücksicht auf die ungünstige Zeitlage war man gar zu behutsam, namentlich bei der Begründung, bei Darlegung der Vortheile, die vom „Vortermin" des Entwurfs zu erwarten waren. So mußte es zu einer Halbheit kommen, die den Gegnern die Waffen schärfte, während die Meinung doch war: der zu erwartenden Gegnerschaft möglichst geringe Angriffsflächen blos zu legen.

Kurz gesagt: — es war eine, wenn auch ganz geringe Einschränkung des Anwaltzwanges in Aussicht genommen.[34]) Indessen die Gegner waren längst auf dem Posten; alsbald ertönte das videant consules: „die Grundlagen der Civilproceßordnung" sind in Gefahr — und damit war für dieses Mal die Frage entschieden, denn das hatte ja die „Begründung" zugesagt: die „Grundlagen" des bestehenden Gesetzes sollten nicht angetastet werden. — Wohlgemerkt: nur für dieses Mal! Es war eine Abweisung a limine, einigermaßen gerechtfertigt durch die Zeitlage. Solche Abweisung wiegt nicht schwer, denn zur Sache selbst ist noch garnicht Stellung genommen worden. Was damals in seiner Halbheit nicht durchdrang, kann sehr wohl in reiferer Gestaltung zu günstigerer Zeit durchgesetzt werden. — Und immmerhin, man ist um eine gesetzgeberische Erfahrung reicher geworden.

Es ist zweifellos richtig, wenn Wach gesagt hat, er habe zuerst einen Vorschlag in der Richtung des Vortermins im Jahre 1886 gemacht. Nicht für zutreffend aber halte ich die weitere Bemerkung, daß das österreichische Proceßgesetz seiner — Wachs — Anregung gefolgt sei, wenn auch mit Modificationen. Und ferner: Wachs Prioritätsanspruch bezieht sich nur auf jenen, seinen eigenen Vorschlag, der eben einzig bezweckte, eine formale, nach der Seite des französischen Rechts gravitirende „Verbesserung" unserer Proceßmaschine einzuführen.

Die Sache selbst ist fast 20 Jahre älter als Wachs Vorschlag — wenn man nicht richtiger ihr Alter um einige Jahrhunderte zurück datiren will. Und vielleicht hat doch auch

Wach Anregungen zu seinem Vorschlage vom Jahre 1886 bereits 1871 in Tübingen empfangen.

Die neue Justizgesetzgebung für das Königreich Württemberg v. J. 1869 hatte in erster Instanz alle Sachen bis zum Streitwerthe von 200 M. den Oberamtsgerichten (bezw. Stadtgerichten) zugewiesen. Es waren das Collegialbehörden, bestehend aus dem Oberamtsrichter, einem Justizassessor und drei Schöffen; außerdem waren dem Gerichte als Urkundspersonen „Gerichtszeugen" beigegeben.

Auch die würtembergische Civilproceßordnung behandelt, gleich den anderen neuen Proceßgesetzen Deutschlands, in erster Reihe, als den Normalfall das Verfahren vor den dem Oberamtsgerichte übergeordneten Kreisgerichtshöfen. Für die unteren Gerichte werden dann einige abweichende Bestimmungen gegeben.

Im ordentlichen Verfahren wird die Klage durch Einreichung eines Schriftsatzes bei Gericht erhoben (Art. 317). Württemberg hatte eben den „Parteibetrieb" nicht übernommen. Die Klage wird dem Beklagten mit der Aufforderung zugestellt, seine schriftliche Vernehmlassung behufs Vorbereitung der mündlichen Verhandlung binnen der anberaumten Frist einzureichen (333).

Das Verfahren vor den Oberamtsgerichten nun ist im Tit. XXXI mit einigen abweichenden Bestimmungen bedacht:

Die Klage kann „schriftlich eingereicht oder zur protokollarischen Aufnahme angemeldet werden" (623). „An die Stelle der im Art. 333 bezeichneten Aufforderung an den Beklagten tritt die an beide Theile ergehende Ladung zu einer die mündliche Verhandlung vorbereitenden Tagfahrt (Vorverhandlung). Die Parteien werden in der Ladung aufgefordert, sich auf den Beweisantritt vorzubereiten und die in ihren Händen befindlichen, auf den Streit bezüglichen Urkunden zu Vorlegung in der Tagfahrt bereit zu halten." (626.) Vorbereitende Sätze können vor der Tagfahrt eingereicht werden, „auch kann auf Antrag des Beklagten, wofern derselbe vor der Tagfahrt zeitig genug eine schriftliche Vernehmlassung einreicht, von der Vorverhandlung abgestanden und sofort Ladung zur Hauptverhandlung erlassen werden" (627). „Die Vorverhandlungen und diejenigen Beweisaufnahmen, welche außerhalb der Gerichtssitzung stattfinden, werden von dem Vorstand oder einem rechtsgelehrten Richter unter Beiziehung von zwei Gerichtszeugen vorgenommen" (628). „Erscheinen in der Vorverhandlung beide Theile, so werden dieselben insoweit wechselseitig gehört, als erforderlich ist, um die Ansprüche und Gegenansprüche, Angriffs- und Vertheidigungsmittel beider nach ihrer wesentlichen thatsächlichen Grundlage kennen zu lernen. Die Parteien werden aufgefordert, ihre Beweismittel zu bezeichnen und über die gegnerischen Beweismittel sich zu erklären. Das Wesentliche der Anträge und der Erklärungen der Parteien wird zu Protokoll genommen und das Protokoll behufs der Genehmigung verlesen" (630). „Dem Richter steht in der Vorverhandlung das im Art. 201 bezeichnete Fragerecht zu. Die Gerichtszeugen haben, wo sie es für nöthig erachten, den Richter zu ersuchen, die ihnen dienlich scheinenden Fragen an die Parteien zu richten." Die Parteien sind darauf aufmerksam zu machen, daß neues thatsächliches Vorbringen oder neue Beweismittel, welche erst in der mündlichen Verhandlung geltend gemacht würden, eine Vertagung dieser Verhandlung auf Kosten der säumigen Partei zur Folge haben könnten. Geeigneten Falls wird ein Vergleich versucht. Gelingt der Vergleich, oder wird der Streit sonst in Güte erledigt, so beschränkt sich das Protokoll auf die Angabe desjenigen, was zur Feststellung der Art und Weise der Erledigung erforderlich ist" (631). „Kommt eine gütliche Erledigung nicht zu Stande, so werden am Schlusse der Vorverhandlung die Parteien in eine bestimmte Sitzung des erkennenden Gerichts zur mündlichen Verhandlung vorgeladen. Die Bemerkung der Ladung in dem Protokolle vertritt die Zustellung an die erschienene Partei" (632). Beim Ausbleiben des Klägers oder des Beklagten ergeht in der Vorverhandlung kein Versäumnißurtheil, dasselbe ist vielmehr der mündlichen Verhandlung vorbehalten und in der Vorverhandlung wird mit der allein erschienenen Partei zu Protokoll verhandelt, eine Abschrift des Protokolls wird dem Säumigen auf dessen Kosten zugefertigt und auf Antrag der erschienenen Partei ergeht zugleich Ladung zur mündlichen Verhandlung (633, 634). Beim Ausbleiben beider Parteien ruht die Sache. „Auf erfolgtes Anrufen wird die Ladung zur Vorverhandlung erneuert" (635). „Sowohl in dringenden Fällen als in einfachen Fällen, deren Verhandlung voraussichtlich einer Vorbereitung nicht bedarf, kann durch besondere Verfügung des Gerichtsvorstandes sofort auf die Klage hin Tagfahrt zur mündlichen Verhandlung vor dem erkennenden Gerichte anberaumt werden" (636).

Die hier wiedergegebenen Bestimmungen über die „Vorverhandlung" umfassen aber auch alles, was an Abweichungen vom Verfahren vor den höheren (den Kreis- und Land-)Gerichten festzusetzen war. Das liegt daran, daß die Unterinstanz (das Oberamtsgericht) ebenfalls collegial organisirt war. Den Anwaltzwang sammt dem Parteibetriebe hatte man in Württemberg überhaupt, für alle Gerichte, abgelehnt, ohne jedoch die Parteien, sei es auch nur vor den Oberamtsgerichten oder auch nur mittelbar, also durch Verweigerung des Ersatzes der Anwaltkosten zu persönlichem Erscheinen anzuhalten.

Da man nun auch in Württemberg es mit der Mündlichkeit ernst meinte und eben deshalb für die mündliche Verhandlung vor dem erkennenden Gerichte eine ausgiebige Vorbereitung als unerläßliche Voraussetzung rascher und guter Sacherledigung verlangte; da ferner im Verfahren vor den Oberamtsgerichten regelmäßig auf genügende vorbereitende Schriftsätze nicht wohl gerechnet werden konnte, so griff man nach erprobtem Muster zur Vorbereitung durch das Gericht selbst. Doch der umsichtige Gesetzgeber verhehlte sich nicht, daß diese Einrichtung für die Collegialgerichte zu arger Überbürdung führen mußte. — Man nahm also die „Vorverhandlung" dem Gerichtsplenum ab und überwies sie dem Vorsitzenden oder einem Richterkommissar.

Die amtlichen Motive bringen in Bezug auf das Vorverfahren die nachstehenden trefflichen Ausführungen:

„Es ist bekannt, wie wenig vorbereitet die Parteien in Processe, die sie in Person führen, einzutreten pflegen und wie sehr es meist der Beihilfe des Richters bedarf, damit endlich dasjenige klargelegt werde, was die Partei verlangen und zur Begründung ihres Verlangens anführen will. Es würde sich nicht empfehlen, diese Beihilfe in den vor den Oberamtsgerichten zu verhandelnden Streitigkeiten künftig hin, einer sogenannten Maxime zu Gefallen, den Parteien zu entziehen, zumal da dasjenige, was hier in Einer Form ausgeschlossen würde, in einer anderen Form im Fragerecht bei der mündlichen Verhandlung gleichwohl zugelassen werden müßte; aber es kann nicht davon die Rede sein, die Arbeitszeit und Arbeitskraft eines zahlreicheren

Personals auf Kosten anderer Geschäftszweige des Gerichts der ersten Instruction aller Processe zu opfern.

Es ließe sich zunächst daran denken, das für die kreisgerichtlichen Sachen bestimmte Vorverfahren auf das Verfahren vor den Oberamtsgerichten mit der einzigen Modification zu übertragen, daß die Parteien anstatt der Einreichung vorbereitender Schriftsätze die vorbereitenden Erklärungen bei einem Gerichtsbeamten zu Protokoll abgeben können. Hiermit würde jedoch der Zweck nur theilweise erreicht; die Oberamtsgerichte haben bisher einen namhaften Theil der Rechtsstreitigkeiten in der ersten mündlichen Verhandlung mit beiden Parteien durch Vergleich, Verzicht, Anerkennung erledigt, und dieses Ergebniß ist nicht sowohl besonderer Bemühung des Gerichtspersonals um gütliche Erledigung, als vielmehr dem Umstande zuzuschreiben, daß die in Person processirenden Parteien erst durch die gegenseitige Erörterung des Rechtsverhältnisses vor dem Richter und mit demselben die erforderliche Einsicht in die Sachlage gewonnen haben. Der namhafte Theil der Rechtsstreitigkeiten, welcher bisher in der ersten mündlichen Verhandlung in Güte erledigt wurde, muß auch fernerhin von den Urtheilssitzungen der Oberamtsgerichte fern gehalten werden, und dieser Zweck wird zu erreichen sein, wenn das Vorverfahren in eine Vorverhandlung beider Parteien vor eine Deputation des Gerichts verwiesen wird."[35])

Jene würtembergische „Vorverhandlung", „vorbereitende Tagfahrt" mußte u. a. auch dazu führen, daß dem Gerichtsplenum die häufigen Vertagungen erspart blieben, daß nicht soviel „todte Zeit" sich ergab. Das wußte man sehr wohl, als man der Verhandlung vor dem erkennenden Gerichte die kommissarische Instruction vorausgehen ließ. D i e s e r Gedanke war aber keineswegs der treibende. Vielmehr gab den Ausschlag die vom würtembergischen Gesetzgeber festgehaltene — von unserer heutigen so sehr verschiedene — Auffassung des Richteramts, dem als ein von selbst sich verstehendes nobile officium: auch die Belehrung und Leitung der persönlich vor Gericht erscheinenden Parteien zugewiesen wurde. Dem Schlagworte von der „Reinhaltung des Richteramts" entspricht das freilich nicht, aber dieses Schlagwort, durch das man sich lange genug bei uns hat blenden lassen, und das auch jetzt noch nicht allen Zauber für uns verloren hat, — es stimmt zu unserer deutschen Auffassung von Richterrecht und Richterpflicht gerade ebensowenig, wie der moderne „Anwaltzwang". Dem „Mündlichkeitsprincip" umgekehrt steht die deutsche Vorstellung vom Richteramte so wenig entgegen, daß sie vielmehr zu rühmen ist als die einzige bei uns durchführbare Grundlage für echte, wahre „Unmittelbarkeit".

Bedeutsam ist ferner, daß Württemberg am deutschen Grundsatze des Collegialgerichts auch für die unterste Instanz (in der Form des Schöffengerichts) festhielt und doch sich nicht scheute, denselben im Interesse der Parteien zu durchbrechen, indem es in diesen zahlreichen kleineren Sachen die Vorbereitung, die erste Proceßinstruction dem Vorsitzenden oder einem beauftragten Richter überwies. Und dieses Auskunftsmittel war eben auch keine neue Erfindung, sondern die moderne Verwerthung einer alten deutschen Entwickelung: das Sühneverfahren, wie es, zusammenhängend mit dem mittelalterlichen Verfahren „zur Minne", sich allenthalben in Deutschland in den ersten Jahrhunderten nach der Reception findet, und zwar als Beginn einer jeden erstinstanzlichen Gerichtsverhandlung, es fand ja auch nicht vor vollbesetztem Gerichte, sondern vor dem Gerichtsvorsitzenden, unter seiner persönlichen Leitung statt. Aus diesem Sühneverfahren, bei dem der Vorsitzende sich über den Streitstand vollkommen orientiren mußte, entwickelte sich dann mit innerer Nothwendigkeit eine Instruction durch den Einzelrichter, die vor dem Collegium — darüber waren unsere Altvorderen sich klar! — nicht so ungezwungen sich vollzogen und überdies unverhältnißmäßigen Zeit- und Kraftaufwand beansprucht hätte. Man begegnet dieser Einrichtung häufig genug in den particularen Proceßordnungen; ich meine die Fälle, in denen man nach der naiven, aber doch sehr bezeichnenden Ausdrucksweise jener Zeit „**den Proceß** erst mit dem Beweise anfangen“ ließ.[36]) Sehe ich auch hier von der „Allgemeinen Gerichtsordnung“ ab, so finden wir doch durchaus dieselbe Bildung im Processe der preußischen Novellen von 1833 und 1846, der in dieser Richtung für Württemberg vorbildlich wurde. Daß es sich dabei um hochbedeutsame Fragen der Proceßorganisation handelte, liegt zu Tage. Nur eine und sicher nicht die wichtigste Folge solcher Proceßökonomie ist, wie bereits erwähnt wurde, daß dadurch Vertagungen und Zeitverluste verringert werden.

Als aber Franz Klein für die Institution im Entwurfe zur neuen österreichischen Civilproceßordnung Raum schuf, da war er sich — die Erläuterungen beweisen es — der weitgreifenden Bedeutung des Vortermins (der „ersten Tagsatzung“) nach allen Richtungen hin bewußt. Österreich hat an diesem Punkte seines heute geltenden Proceßgesetzes nur dasselbe gethan, wie fast allenthalben in diesem Werke: es hat gegenüber dem französischen Wesen unserer Civilproceßordnung nicht etwa neues Recht „erfunden“, sondern — deutsches Recht wieder zur Geltung gebracht. So wie Österreich die „erste Tagsatzung“ gestaltet hat: vor einem Gerichtsdeputirten, ohne Anwaltzwang, regelmäßig für alle Sachen obligatorisch, — so muß nach meinem Dafürhalten die Einrichtung sich segensreich bewähren.

Gleichen Vortheil hätten wir für unseren Proceß erlangen können, und zwar ohne Gefährdung der „Grundlagen der Civilproceßordnung“. — Es ist kein Angriff auf diese „Grundlagen“, wenn man den einen Vortermin vom Anwaltzwange befreit und vor den Einzelrichter verweist, der dann die Befugniß erhält, Vergleiche zu vermitteln, Versäumniß-, Anerkenntniß-, Verzicht-Urtheile zu fällen. Weitaus die Mehrzahl der Processe wird doch bei uns vom Amtsrichter abgeurtheilt. Wie konnte es gefährlich erscheinen, jene einfachen Entscheidungen von dem formellen landgerichtlichen Processe loszulösen und Einzelrichtern zu übertragen?

Aber freilich, — die erwähnten Vortheile des „Vortermins“ waren dann nicht erreichbar, wenn man für diese vorbereitende Verhandlung nur die vollbesetzte Kammer zuständig sein ließ. Ein Collegium ist zu wirksamer Vergleichsverhandlung weniger geeignet als ein Einzelrichter. Das bestätigt auch unser eigenes Gesetz, insofern es dem Scheidungsprocesse vor dem Landgerichte das Sühneverfahren vor dem Amtsrichter vorausgehen läßt (§§ 608, 609); derselbe Gedanke gab den Ausschlag für die Ladung vor den Amtsrichter, speciell zum Sühneversuche in allen Sachen (§ 510). Und dazu kommt, daß die Vergleichsverhandlung vor dem Plenum jeder Proceßökonomie widerspräche. — Der preußisch-würtembergisch-österreichische Vortermin, diese altbewährte deutsche Einrichtung, war jedenfalls schon bei Seite geschoben — „denaturirt“, wie die beliebte moderne Wendung lautet — als man bei Ausarbeitung der Vorlage sich entschloß, die ganze Kammer zur Abhaltung des Vortermins zu verpflichten.

Nun nahm allerdings die Vorlage in Aussicht, bei entsprechend liegender Sache (Einverständniß der Parteien und des Gerichts) den „Vortermin“ in einen normalen „Termin zur mündlichen Verhandlung" übergehen zu lassen. Aber wenn dies der Grund war, vom Einzelrichtertermin abzusehen, dann ist eben wieder einmal das angeblich Bessere der Feind des Guten gewesen! Derartige Terminersparniß setzt, wenn auch nur im Sinne des heutigen Gesetzes, Vorverhandlung vor dem Plenum voraus. Und eine solche nimmt eben dem Vortermin die wesentlichen Vorzüge, denen gegenüber der Übelstand nicht gerade erheblich erscheint, daß gelegentlich eine sonst verhandlungsreife Sache noch auf einen Kammertermin vertagt werden muß. Die Entlastung der Kammern von den Versäumniß-, Anerkenntniß- u. s. w. Sachen bot schon genügenden Vortheil, — noch mehr zu erreichen war nicht angängig, man hätte sich eben bescheiden müssen, wie Österreich, dessen Gesetz ausdrücklich vorschreibt: „Alles andere Anbringen ist von der ersten Tagsatzung ausgeschlossen" (§ 249).

Wenn man sich bei uns derart beschieden hätte, dann wäre es doch wohl leichter gewesen, den unbedingt mit dem rechten Vortermin — wenn anders dieser seinen vollen Zweck erreichen sollte — ganz unvereinbaren Anwaltzwang auszuschließen. Die Vorlage gab mit der einen Hand die Befreiung vom Anwaltzwange und nahm sie mit der anderen Hand wieder, indem sie für den einzelnen Fall Proceßverzögerung in Aussicht stellte bei mangelnder Vertretung des Beklagten durch einen Anwalt. — Und trotz der Vorsicht, man möchte fast sagen: Zaghaftigkeit dieses Versuchs, den Anwaltzwang auf einem ganz eng begrenzten Gebiete nur ein wenig einzuschränken, trotzdem ist zweifellos der Vortermin abgelehnt worden nur wegen dieses „Angriffs" gegen eine „Grundlage unserer Civilproceßordnung". — Jawohl, unter einem bestimmten Gesichtswinkel kann man leider den Anwaltzwang sogar schlechthin als „die Grundlage" des heutigen deutschen Processes bezeichnen!

Nach meinem Dafürhalten lag ferner ein schwerwiegender Fehler darin, daß der Gesetzentwurf den Vortermin nicht als die Regel, von der immerhin, wie in Österreich, Ausnahmen zulässig gewesen wären, hinstellte, sondern die Anberaumung eines solchen Termins dem Ermessen des Vorsitzenden anheimgab. Diese Regelung war unzweckmäßig, denn sie verlangte vom Vorsitzenden eine Entscheidung, für die ihm zumeist eine sichere Grundlage gefehlt hätte; ein Auseinandergehen der Praxis, also eine gewisse Rechtsunsicherheit wäre dadurch herbeigeführt worden.

Speziell diesen Fehler hat mit dem geübten Auge des Practikers Jastrow[37]) sofort erkannt. Er äußerte sich zum Vortermin des Entwurfs wie folgt: „der Vorschlag enthält entschieden eine Verbesserung des bestehenden Zustandes; aber er könnte viel radikaler gestaltet werden und sollte deshalb zur Zeit lieber aufgeschoben werden. — Man sollte jede (vermögensrechtliche) Klage überhaupt vor den Amtsrichter verweisen, welcher sie erledigt, insoweit sie nicht kontradiktorisch wird oder insoweit die Parteien auf ihn prorogiren, — anderenfalls sie an das Landgericht abgiebt. Hier ist recht eigentlich ein Gebiet für Erweiterung der amtsrichterlichen Zuständigkeit. Nicht zwar darin, daß dem Amtsrichter alle Formularurtheile aufgehalst werden (das ist bedauerlich, läßt sich aber hierbei nicht ändern), sondern vielmehr darin, daß die Vortheile ausgenutzt werden, welche die Persönlichkeit eines der Bevölkerung näher stehenden und ihr Vertrauen genießenden Einzelrichters gewährt; namentlich wird dies bei Vergleichsverhandlungen hervortreten und in häufigen Fällen wird es zu sachgemäßen Prorogationen auf das Amtsgericht und damit zur Ersparung von Weitläufigkeiten und Kosten führen. Von diesen Vortheilen wird nämlich ein ganz anderer Gebrauch gemacht werden, wenn sie der Bevölkerung durch obligatorische Ansetzung des ersten Termins vor dem Amtsgericht handgreiflich vor Augen geführt werden."

Gleich bei der ersten Lesung im Reichstage hat auch der Abgeordnete von Buchka sich Jastrow angeschlossen, dessen Vorschlag allerdings zunächst etwas „radikal" aussehe, ihm „persönlich aber außerordentlich gefallen" habe: „dieser Vorschlag hat den großen Vortheil, daß einmal die Landgerichte außerordentlich entlastet werden, zweitens, daß den Parteien in einer großen Anzahl von Sachen erspart wird, sich Rechtsanwälte zu nehmen, und drittens, daß der Verbrauch von Richtermaterial, wenn ich mich so ausdrücken darf, ein sehr viel geringerer wird. Denn alle jene Sachen und es werden deren sehr viele sein, die jetzt zur landgerichtlichen Kompetenz gehören, werden überhaupt dann nicht mehr an die Landgerichte kommen, sondern durch einen Richter erledigt, während jetzt drei erforderlich sind." — — „Wenn hierdurch die Amtsrichter überlastet werden, so muß man die Zahl der Amtsrichter vermehren" aber wenn diese Voraussetzung zutrifft, „so werden wir, glaube ich, zu dem Resultat kommen, daß die vielen Klagen über den Anwaltzwang, wie sie jetzt entstanden sind, mehr und mehr verstummen werden". (221, 222.)

Diese Schlußfolgerung war unwiderleglich, denn nach dem soeben besprochenen Vorschlage sollte thatsächlich eine Menge von Streitsachen dem Anwaltzwange entzogen, das Gebiet des Anwaltzwanges also erheblich eingeschränkt werden. Ebenso klar ist aber, daß die ganze große Zahl der am Anwaltzwange interessirten, oder für diese französische Schöpfung begeisterten Juristen dem Jastrowschen Vorschlage — und zu größerer Sicherheit gleich auch dem ganzen „Vortermin" — feindlich gegenüber treten mußte.

Und damit war das Schicksal der Vorlage entschieden!

Es ist doch von ganz besonderem Interesse, daß Jastrow und von Buchka mit ihren zutreffenden Ausführungen, anscheinend unbewußt, zurückgreifen auf wackere Gedanken, die unsere nationale Rechtsentwickelung gezeitigt hat, die aber der heutigen, am französischen Gerichtswesen erzogenen Generation — abhanden gekommen sind.

Bevor das französische Vorbild auf uns Einfluß gewann, bestand als Regel, zumal nach gemeinem Rechte, für Deutschland folgende Gerichtsorganisation. Alle vermögensrechtlichen Streitigkeiten, ohne jede Rücksicht auf den Werth, gehören unterschiedslos vor dieselbe erste Instanz. Gewisse besonders qualificirte Sachen haben die erste Instanz vor denjenigen Gerichten, die regelmäßig in zweiter Instanz entscheiden; ebenso haben gewisse Berufs- und Geburtsstände in erster Instanz nur vor dem zweitinstanzlichen Gerichte Recht zu geben. Dies die Ausnahmen von der Regel.

Die Regel selbst war anschaulich für jedermann: in Bezug auf die erste Gerichtsstelle herrscht Rechtsgleichheit, — ein gesunder socialer Gedanke! Dieser Gedanke ist namentlich in der städtischen Gerichtsbarkeit, für die persönliche Exemtionen in geringerem Maße in Frage kamen, durchgeführt worden. Exemtionen aus sachlichen Gründen ließen sich ja auch heute ohne Weiteres rechtfertigen. Die persönlichen Exemtionen sind für die ordentlichen Gerichte gefallen, sie mußten fallen im Kampfe um die Beseitigung der Standesvorrechte. Aber nicht nothwendig war, daß nunmehr, unserer historischen Entwickelung zuwider eine andere Scheidung eintrat, die schlechtweg ein Vermögensprivilegium darstellt. Das wurde kritiklos übernommen aus Frankreich, dessen Gerichtswesen von socialen Gedanken wenig genug aufweist.

Ich halte dafür, daß Rechtsungleichheit in Beziehung auf die erste Instanz für uns noch immerhin erträglicher wäre, wenn sie nach Standesunterschieden ihre Regelung fände. An naivem Respect vor Stand, Stellung, Titel steckt trotz der veränderten Zeiten noch mindestens genug in unserem Volke. — Dagegen erscheint heute nichts unsocialer, härter, hohler als diese Zweiung der ersten Instanz nach dem Streitwerthe: an die Stelle des Standesunterschiedes tritt der Vermögensunterschied.

Nun ist bei Verpflanzung der französischen Einrichtung auf deutschen Boden insofern freilich ein großer Fortschritt vollzogen worden, als das Verfahren in den die betr. Summe nicht erreichenden Sachen doch noch als ebenbürtiges Rechtsverfahren geregelt wurde: der Amtsrichter muß die gleiche Qualification haben wie jeder Collegialrichter. In Frankreich braucht der Friedensrichter nicht Jurist zu sein, ein Grundsatz, der vollends unsocial erscheint. Wir halten auch für den geringsten Proceß das Rechtsverfahren offen, und zwar im Grunde dasselbe Rechtsverfahren, das auch den landgerichtlichen Proceß bestimmt. Aber in der verschiedenen Besetzung der erstinstanzlichen Gerichte tritt die Rechtsungleichheit, bemessen nach der Streitsumme, hervor. Durch die Zulassung der Berufung auch in kleinsten Sachen wird wahrer Ausgleich nicht geboten wegen der größeren Kosten, wegen des Anwaltzwangs u. s. w. im landgerichtlichen Verfahren. Wohl aber kann Ausgleich erzielt werden durch Erleichterung des Verfahrens vor dem Amtsrichter, durch specielle Rücksichtnahme auf Bedürfniß und

Art des kleinen Mannes, durch Verminderung der Kosten u. s. w. — Sobald derartige Einrichtungen sich bewähren, besteht nach geschichtlicher Erfahrung der Fortschritt im Rechtsgange darin, daß die einfacheren Proceßformen übernommen werden auch für den Rechtsgang in höherer Instanz, — ein Satz, den Leonhardt gekannt und ausgesprochen,[38]) aber keineswegs verwerthet hat. — Die Rechtsgleichheit, die sich nicht durchführen ließ durch Hinaufheben der unteren Sachen auf die Stufe der privilegirten, sie wird allmählich hergestellt durch Hinabschieben der privilegirten Sachen auf die niedere Stufe. Diese Tendenz steckt deutlich im Jastrowschen durch von Buchka so lebhaft unterstützten Vorschlage. Soweit derselbe „radikal" ist, nähert er uns eben nur wieder dem deutschen socialen Gedanken der einen, gleichen ersten Gerichtsstelle für alle Vermögensstreitigkeiten.

Die Frage, ob für uns in Deutschland die Möglichkeit der Rückkehr zu solcher Gerichtsverfassung überhaupt noch gegeben wäre, ob sie sich empfehlen würde, steht im Grunde nicht zur Diskussion. Absolute Nivellirung dürfte wohl ausgeschlossen sein. Indessen, für die Durchführung des nothwendig scheinenden Unterschiedes giebt es verschiedene Wege. — Das französische System, das wir übernommen haben, gewährt nach der Streitsumme die verschieden besetzte Instanz (Einzelrichter und Collegium), dazu wird dann noch die Berufung durch die Summengrenze verschränkt. Die deutsche Entwickelung ging von der gleichen ersten Instanz für alle Sachen aus, behielt dieselbe auch bei, schnitt aber nach der Summengrenze die Anrufung der zweiten oder dritten Instanz ab. — Dieses letztere System scheint mir für uns das empfehlenswerthere zu sein; es hat eine Reihe von Jahrhunderten bei uns bestanden, ist dem Volke verständlich und wird nicht als ungerecht empfunden, — wie ja auch die Erfahrungen mit dem Gewerbegerichte (§ 55 der neuen Fassung) beweisen. Nicht zuletzt aber ist entscheidend, daß das deutsche System den socialen Gedanken der Rechtsgleichheit in der einen gleichen ersten Instanz für alle Vermögensstreitigkeiten anschaulich zur Geltung bringt.

Freilich ist zweifelhaft, ob wir eine solche einheitliche erste Instanz als Einzelrichterinstanz heute ertragen würden. Daß sie sich als Collegialgericht durchführen läßt, haben unsere städtischen Gerichtsverfassungen bis in die neueste Zeit erwiesen: die Zahl der Richter wurde vergrößert durch die hinzugezogenen Laienrichter. Es ist nicht unbedingt ausgeschlossen, daß die Zukunft uns noch einmal als erste Instanz in allen bürgerlichen Streitsachen ein Schöffengericht bringt!

Endlich darf nicht übersehen werden, daß die historische eine erste Instanz noch einen anderen großen Vortheil im Gefolge hat. Es ist nun einmal so und läßt sich ohne Änderung der Gerichtsverfassung auch nicht vollständig beseitigen: unser Amtsrichter hat keineswegs überall beim Volke dieselbe Autorität, wie das Landgericht. — Das ist ein Mißstand, der nicht unterschätzt werden sollte; er wäre nicht vorhanden, wenn es hieße: vor denselben Richter gehört in erster Instanz der Thalerstreit wie der Millionenproceß. —

Ich komme weiter unten noch auf den Jastrowschen Vorschlag zurück!

Vorläufige Vollstreckbarkeit und Haftung der dieselbe verwerthenden Partei für den Schaden.

Die hier in Betracht kommenden Fragen sind eindringend und scharf erörtert worden von A. S. Schultze in der zweiten Hälfte seiner Abhandlung „Zur neuen deutschen Civilproceßordnung".[39]) Ich stimme mit Schultzes Ergebnissen in den entscheidenden Punkten überein, nur ist unser Ausgangspunkt insofern verschieden, als obige Abhandlung den neuen § 717 Abs. 2 des heutigen Gesetzes für sich betrachtet und auf seine Zweckmäßigkeit, Billigkeit, Gerechtigkeit hin prüft. Für mich dagegen sind an dieser Stelle vorwiegend von Bedeutung das Verhältniß der neuen Vorschrift zum bisherigen Rechte und die daraus sich ergebenden Schlußfolgerungen auf die Stellungnahme unseres Gesetzgebers überhaupt, also auf die künftig zu erwartenden Verbesserungen unseres Processes. So kommt es dazu, daß Schultze dem Abs. 2 a. a. O. ablehnend gegenübersteht, während ich der Meinung bin, daß hier die Novelle einen Übergangszustand eingeführt hat, dem zwar gewisse Nachtheile anhaften, der aber bestimmt, und auch geeignet ist, uns für die Zukunft bessere, gesundere Grundsätze zu sichern, als sie von der Civilproceßordnung alter Fassung geboten waren.

Der § 655 Abs. 2 früheren Rechts lautete: „Soweit ein für vorläufig vollstreckbar erklärtes Urtheil aufgehoben oder abgeändert wird, ist der Kläger auf Antrag des Beklagten zur Erstattung des von diesem auf Grund des Urtheils Gezahlten oder Geleisteten zu verurtheilen." Im Grunde war die Vorschrift überflüssig, sie sagt ja nur, was sich aus den Worten „vorläufig vollstreckbar" ergiebt. Und wenn nur dies im Gesetze ausgesprochen, nur die Rückerstattung der zu Unrecht dem Schuldner abgedrungenen Leistung vorgesehen war, so blieb nach dem Proceßrecht die Frage der Entschädigung für darüber hinaus verursachte Nachtheile offen; sie war auf allgemeiner Grundlage nach dem bürgerlichen Rechte zu beurtheilen. Dahin hatten sich auch Theorie und Praxis geeinigt.

Nun sagt das neue Gesetz: „Wird ein für vorläufig vollstreckbar erklärtes Urtheil aufgehoben oder abgeändert, so ist der Kläger zum Ersatze des Schadens verpflichtet, der dem Beklagten durch die Vollstreckung des Urtheils oder durch eine zur Abwendung der Vollstreckung gemachte Leistung entstanden ist" (der Schlußsatz über die Geltendmachung des Ersatzanspruchs „in dem anhängigen Rechtsstreite" ist hier nebensächlich, — vgl. darüber Schultze S. 560 ff.). Durch diesen neuen Abs. 2 ist also nicht etwa eine bisherige Streitfrage erledigt, sondern an Stelle der früheren unzweideutigen Vorschrift ebenso unzweideutig die gegentheilige Vorschrift gesetzt worden.

Dem Entwurfe gegenüber machte Staub[40]) geltend: daß diese Bestimmung „ungerecht und gefährlich" sei —, „was (sei) denn eigentlich passirt —, was diese horrende Neuerung rechtfertige"? Der Aufsatz schließt mit den Worten: „der Werth der vorläufigen Vollstreckbarkeit ist damit beseitigt". — Letzteres ist freilich richtig, dieser Erfolg ist ja eben durch die Änderung des Gesetzes bezweckt worden. Ich kann das aber nicht mit Staub bedauern, vielmehr freue ich mich dieses gesetzgeberischen Entschlusses.

Eine „horrende Neuerung" sagt Staub! — Wie ist das doch bezeichnend für die fascinirende Wirkung, die das bestehende Gesetz auf den Practiker ausübt, der es beim Eintritt in den Beruf vorfand und seine Thätigkeit danach zugeschnitten hat. Nicht die Neuerung, die die Novelle brachte, war „horrend". Dieses Wort paßt eher auf den Zustand, den die Bestimmungen der Civilproceßordnung über die vorläufige Vollstreckbarkeit geschaffen hatten. Bestimmungen, die ohne alle geschichtliche Vorgänger waren, die nicht nur nach deutschem Processe, sondern auch nach unserem leidigen Vorbilde, dem französischen Rechte, als „unerhört" bezeichnet werden können.

Das Bedürfniß des Forderungsberechtigten, einen Anspruch im Vollstreckungswege durchzusetzen ohne vorherigen langwierigen Prozeß, ist uralt. Man kann hier anknüpfen an die frühere Selbsthilfe, man kann gedenken des ursprünglich rein außergerichtlichen Betreibungsverfahrens wegen Vertragsschulden.[41]) Die oberitalischen Notariatsurkunden gewährten Vollstreckung ohne vorausgehenden Rechtsstreit. Daran schließt sich, wiewohl erheblich mäßigend, der gemeinrechtliche Executivproceß, der Wechselproceß, wonach ein abgekürztes Verfahren stattfand und die Rechtsmittel des Suspensiveffects entkleidet waren. Doch die Nachklage blieb offen. Für Deutschland war damit die executorische Urkunde abgelehnt.[42]) Wir haben die Einrichtung aber mit dem Umwege über Frankreich wieder erhalten durch die Civilproceßordnung; allerdings mit einer Modification: die Urkunde muß des Schuldners Erklärung enthalten, daß er sich der sofortigen Zwangsvollstreckung unterwerfe. Die executorische Urkunde also, das ist heute bei uns der Weg, um zur Vollstreckung ohne vorherigen Proceß zu gelangen.

Anders stehts, wenn einmal Klage erhoben ist, soweit diese nicht durch Anerkenntniß zu sofortigem Urtheil führt. Hier gehen die Gestaltungen auseinander. Abgesehen von der Verweigerung der zweiten Instanz in Bagatellsachen, finden sich, wie erwähnt, Rechtsmittel ohne Suspensiveffect. Daneben tritt dann die Sicherung der Zwangsvollstreckung durch Arrest, weiterhin die in Frankreich ausgebildete „vorläufige Vollstreckbarkeit".

Festzuhalten ist dieses: soweit vorgängiger Proceß überhaupt in Frage kommt, gilt die Regel, daß nur rechtskräftige Urtheile vollstreckbar sind. Aber die Regel bedarf billiger Ausnahmen.

Erscheint im gegebenen Falle der Gläubiger durch die Verzögerung gefährdet, so kann nach deutschem Rechte zur Sicherung die Arrestlegung erfolgen, nach französischem Rechte die vorläufige Vollstreckung, aber hier wie dort entscheidet der Richter, der den Fall zu individualisiren hat, und jedesmal prüfen muß, ob in der That ein Grund zur Ausnahme gegeben sei; — nur wenige typische Fälle sind im Code de proc. civ. 135 erwähnt, in denen die vorläufige Vollstreckbarkeit auf Antrag vom Gerichte ausgesprochen werden muß; im Übrigen entscheidet stets das richterliche Ermessen nach Lage des Falles.[43])

Wie stands nun bisher nach der Civilproceßordnung mit der vorläufigen Vollstreckung?

Zunächst ist hervorzuheben, daß der Reichscivilproceß im ordentlichen Verfahren kein erstinstanzliches Urtheil mehr kennt, gegen das die Berufung versagt wäre. Eine solche Bestimmung nimmt sich gut aus: gleiches Recht für alle! Man entschloß sich hierzu, weil man für die erste Instanz von Collegialgerichten absehen wollte. Der vom Einzelrichter abgewiesenen oder verurtheilten Partei sollte aber die Möglichkeit nicht verschlossen werden, die Sache durch ein Collegialgericht nachprüfen zu lassen. Auch das ist anscheinend „social“ gedacht. Allein vor die Berufung gegen amtsgerichtliche Urtheile wurde doch ein starker Riegel geschoben: die Berufungsinstanz verhandelt nur unter Anwaltzwang, die Dauer der Processe ist größer, die Kosten sind weit erheblicher als beim Amtsgerichte. „Man hat damit die Gefahr zu zahlreicher Berufungen in kleinen Sachen wieder beseitigt“ — so ungefähr habe ichs selbst gelegentlich aus dem Munde eines Mitgliedes der Reichsjustizkommission von 1874/76 gehört, und ich hatte den Eindruck, daß die Benutzung dieses „Ausweges“ durchaus gebilligt wurde.

Sonderbar genug: Berufungsrecht für alle! d. h. für alle diejenigen, die in der Lage sein würden, die unverhältnißmäßig großen Kosten des Anwaltsprocesses wegen geringfügiger Forderungen aufs Spiel zu setzen. Ich habe vor Jahren bereits darauf hingewiesen, daß unsere Gesetzgeber von damals nicht gerade von socialen Grundsätzen geleitet wurden. Im Zusammenhange mit dem soeben erwähnten schärft sich aber dieser Vorwurf. Man hatte das Gefühl, daß im allgemeinen in Bezug auf Darbietung des Rechtsschutzes alle Staatsbürger gleichen Anspruch hätten. Man brachte das auch zum Ausdruck, aber nur um den Gedanken doch wieder nicht durchzuführen. — In dieser Beziehung liegt ein Stück herber Unwahrheit in unserem Gesetze. Weit besser wäre es gewesen, wenn man an die historischen Bildungen angeknüpft und mit aller Offenheit für geringfüge Sachen die Berufung abgeschnitten hätte. Das wurde aber wieder aus einem anderen Grunde abgelehnt. Die deutschen Partikulargesetzgebungen seit der Reception hatten freilich regelmäßig für geringfügige Sachen nur eine einzige Instanz gewährt, dann war aber auch die Summengrenze entsprechend festgestellt: 20, 30, 50 fl.[44])

Die höchste Summe für Bagatellsachen waren meines Wissens die 50 Thaler des neupreußischen Processes. Die Reichsgesetzgebung dagegen ging bei der Scheidung zwischen Amts- und Landgerichten sehr viel höher hinauf, auf das Doppelte jener Höchstsumme. Nachdem das geschehen war, konnte man die Amtsgerichtssachen nicht mehr schlechtweg als „geringfügig" bezeichnen. Sicherlich wäre es weniger scharf empfunden worden, wenn man alle Sachen unter 100 M. der Berufung entzogen hätte, eine Maßregel, die doch 11 Jahre nach dem Inkrafttreten der Civilproceßordnung ganz unbedenklich für das Verfahren vor den Gewerbegerichten durchgeführt wurde!

Ich mußte auf diese „verdeckten" Erschwerungen der Berufung in amtsgerichtlichen Sachen hinweisen, weil derselbe gesetzgeberische Gedanke offenbar auch steckt hinter einer die vorläufige Vollstreckbarkeit zulassenden Bestimmung, für die es im übrigen an jeder haltbaren Begründung fehlen dürfte. Ich meine § 709 (649): „Urtheile sind auf Antrag für vorläufig vollstreckbar zu erklären, wenn sie betreffen" — (Z. 4) „andere vermögensrechtliche Ansprüche, sofern der Gegenstand der Verurtheilung an Geld oder Geldeswerth die Summe von dreihundert Mark nicht übersteigt."

Der erste Entwurf[45]) lautete (601): „Auch ohne Antrag sind für vorläufig vollstreckbar zu erklären: 1. Urtheile der Amtsgerichte." Und die Begründung dazu bemerkt, — wie mir scheint, ebenso kurz als unzutreffend —: „der veranlassende Grund für die vorläufige Vollstreckbarkeit (dieser Urtheile) liegt in der Erwägung, daß die vor den Amtsgerichten verhandelten Rechtsstreitigkeiten in ihrer Mehrheit einfach genug sind, um eine richtige Entscheidung schon in erster Instanz erwarten zu können".

In der Kommission wurde dann offen erläutert: „Durch die vorläufige Vollstreckbarkeit solle die Partei gezwungen werden, mit ihrem gesammten Angriffs- oder Vertheidigungsmaterial in der ersten Instanz hervorzutreten. Allerdings könnten auch bei den Amtsgerichten verwickelte Sachen vorkommen, die Mehrzahl der Sachen sei aber doch einfacher Natur. Die vorläufige Vollstreckbarkeit sei nur ein milderes Mittel (?), um dasselbe zu erreichen, was dermalen in vielen Staaten durch Beschränkung der Berufung erreicht werde."

Aber die Schlußbemerkung ist nicht richtig, oder doch nicht vollständig! Man wollte sich zur offenen Versagung der Berufung nicht entschließen wegen der so hoch gestellten amtsgerichtlichen Zuständigkeitssumme, und wollte doch wieder die Berufung thatsächlich ausschließen. — Bähr hat in jener Kommissionssitzung sofort die richtige Antwort gegeben: „Es sei etwas wesentlich Anderes, ob man sage, die Rechtsvertheidigung höre bei einem gewissen Punkte auf, oder ob man dem Beklagten sage, er habe zwar noch seine volle Rechtsvertheidigung, müsse aber vorläufig den Kläger befriedigen. Fälle, in denen der Beklagte zwar obsiegte, aber doch das Geleistete nicht wieder erhielte, würden wie Hohn auf das Recht erscheinen, das Rechtsgefühl weit mehr verletzen, als eine Beschränkung der Berufung. Gewähre man überhaupt die Berufung, so müsse auch die Partei die Erfüllung so lange verweigern können, bis ihre Verpflichtung feststehe."

In der zweiten Lesung wurde die entscheidende Summe auf nur 150 M. festgesetzt und erst nach wiederholter Kommissionsberathung erhielt das Gesetz die heutige Fassung, nach der also auch landgerichtlichen Verurtheilungen in Höhe von nicht mehr als 300 M. vorläufige Vollstreckbarkeit zugeeignet wird.

In dieser Gestalt vollends, da vorläufige Vollstreckbarkeit oder Suspensiveffect nur von der Verurtheilungssumme abhängig sein soll, fehlt der Bestimmung absolut jede innere Berechtigung (ganz in gleichem Sinne Schultze a. a. O. 44); ich glaube auch, daß die Vorschrift ein unicum darstellt; das französische Recht hat jedenfalls niemals einen solchen Satz gekannt. Gneist äußerte vor Jahren in seiner Civilproceßvorlesung: man habe bei Abfassung des Gesetzes den Kläger besonders begünstigen wollen, man habe berechnet, daß in der Mehrzahl der Processe doch der Kläger siege, und deshalb habe man dem Beklagten die Lust zu Weiterungen und Verzögerungen nehmen wollen.

Man braucht ja nicht gleich mit üblichem Schlagworte dem Gesetzgeber „plutokratische Tendenzen" vorzuwerfen — — aber „sociales" Recht bringt die besprochene Vorschrift wahrlich nicht zur Geltung. Und Gneist setzte damals auch hinzu: „es wird wieder eine Zeit kommen, in der man mehr auf den Beklagten Rücksicht nimmt".

Hier möchte ich, hinweisend auf des großen Practikers Bähr oben wiedergegebene Worte, doch Staub (a. a. O. S. 58) entgegenhalten, daß die Zulassung „vorläufiger Vollstreckung" nicht sowohl aus theoretischem Grunde gesetzgeberisch besonders vorsichtig erwogen werden muß. Es handelt sich vielmehr um eine eminent wichtige practische Frage, um die Durchführung der Rechtsgleichheit beider Parteien im Processe.

Und noch ein anderer Nachtheil ist durch die Bestimmungen des § 704 (649) der Civilproceßordnung herbeigeführt worden. Schlechthin alle amtsgerichtlichen Urtheile (mit Ausnahme allein der unter Z. 2 § 23 G.V.G. zum Schlusse genannten 4 Kategorien) sind danach vorläufig vollstreckbar. Bei Hinzurechnung der landgerichtlichen Verurtheilungen bis zu 300 M. ergiebt sich in Folge dessen, daß im Deutschen Reiche in mindestens 85 % der jährlich anhängig werdenden Streitsachen die Urtheile erster Instanz, trotz noch zulässiger Berufung, vorläufig vollstreckbar sind, wofern die Partei den entsprechenden Antrag stellt. — Als gesund wird man solchen Zustand schwerlich bezeichnen können, es ist damit wieder ein Stück Unwahrheit in unsere Proceßordnung hineingetragen, die doch im 8. Buch, Abschnitt 1 ihren Ausgang nimmt vom rechtskräftigen Endurtheile als dem normalen vollstreckbaren Titel, während in der That *dieser* Titel nur für höchstens 15 % aller Streitsachen zur Anwendung kommt.

Und weil es so steht, gerade deshalb ist es erklärlich und natürlich, daß der Practiker den thatsächlichen Regelfall als den rechtlich normalen, die „vorläufige Vollstreckbarkeit" des noch anfechtbaren oder vielleicht bereits angefochtenen Urtheils als das „gewöhnliche", an sich richtige betrachtet.

Wenn das heute bei uns der Fall ist, so trägt die Schuld daran nur die Gesetzgebung selbst. Man hat sich bei Berathung der Civilproceßordnung gar nicht klar gemacht, daß die ganze Einrichtung der vorläufigen Vollstreckbarkeit berufungsfähiger Urtheile gegenüber dem processualen Fundamentalsatze: Vollstreckung erst nach rechtskräftigem Urtheile, ihre Berechtigung historisch nur gefunden hat, und auch heute nur finden kann in der Erwägung, daß es *Ausnahmefälle* giebt, die so gestaltet sind, daß die Anwendung des Fundamentalsatzes auch auf sie zu Ungerechtigkeit führen würde. Dann handelt es sich um Individualisirung des Falles, die im allgemeinen nicht vom Gesetze im voraus, sondern nur concret vom Richter sachgemäß vorgenommen werden kann. Am allerwenigsten ist Individualisirung ziffermäßig durchführbar; hier eine Summengrenze zu geben, wäre gesetzgeberisch ein nonsens. Wenn das trotzdem in unserem Gesetze geschehen ist, so lagen, wie oben dargethan ist, andere „verdeckte" Gründe vor, die zu billigen ich freilich nicht vermag.

Nach meinem Dafürhalten richtet sich nun der heutige § 717 Abs. 2 unmittelbar gegen den § 709 (649) und dessen unhaltbare Consequenzen. Die Novellengesetzgebung hat uns wieder normalem Zustande entgegenführen wollen, sie hat den Fundamentalsatz: Vollstreckung erst nach rechtskräftigem Urtheile, wieder zur Geltung bringen wollen, sie hat zu dem Zwecke einstweilen wenigstens „erzieherisch" (ich entlehne die Wendung der Schultzeschen Arbeit S. 555) wirken wollen. Das lehrt auch die „Begründung" der Vorlage: „die vorläufige Vollstreckbarkeit der Urtheile ermöglicht es dem Gläubiger, seinen Anspruch vor der endgültigen Feststellung und ehe alle Rechtsbehelfe des Schuldners erschöpft sind, zur zwangsweisen Durchführung zu bringen. Es handelt sich mithin um eine Befugniß des Gläubigers, welche außerhalb des gewöhnlichen Ganges des Verfahrens liegt" (weiterhin wird dann auch vom „ordnungsmäßigen Gange des Verfahrens" gesprochen).

Gewiß ist es richtig, daß „Außergewöhnlichkeit" und „Außerordentlichkeit" durchaus relative Begriffe sind (Schultze 552). Ich müßte auch zustimmen, wenn man sagen wollte, daß obige Begründung umso widerspruchsvoller sei, als ja unser Gesetz im „gewöhnlichen", also „ordnungsmäßigen Gange des Verfahrens" die ganz überwiegende Mehrzahl der berufungsfähigen Urtheile für vorläufig vollstreckbar erklärt. Aber die Ausführungen in der Begründung haben eben andere

Bedeutung, sie wollen sagen, daß der heutige Zustand fehlerhaft, theoretisch wie practisch unhaltbar sei. Und daß diese Erkenntniß sich Bahn gebrochen hat, das eben ist ein Fortschritt, den ich dankbar als solchen anerkennen möchte!

Was die bestehenden Einzelvorschriften über die „vorläufige Vollstreckbarkeit" anlangt, so wäre — wesentlich in Übereinstimmung mit Schultze, wenn auch mit anderem Endziele — hier kurz Folgendes hervorzuheben.

Als zulässige typische, also vom Gesetz im voraus feststellbare „Ausnahmefälle" können schlechthin gelten die im § 708 (648) unter Z. 1, 2, 5 u. 6 aufgeführten Fälle: bei Anerkenntniß- und sog. Läuterungsurtheilen ist die Möglichkeit oder Wahrscheinlichkeit einer Anfechtung eine ganz geringe; arrestaufhebende Urtheile erklären eben, daß die nur vorläufig zugelassene Maßregel nicht aufrechtzuhalten sei, Alimentationsverurtheilungen sind als solche regelmäßig „dringliche Sachen."[46])

Zum Theil gehören auch hierher die Fälle unter Z. 3, zweites oder ferneres Versäumnißurtheil. Das durch Einspruch nicht anfechtbare Versäumnißurtheil des § 345 ist nach § 513 nur mit der Behauptung, daß Versäumung nicht vorgelegen habe, im Berufungswege angreifbar, das wird selten eintreten. — Was die (abgesehen vom Falle des § 345) ergehenden zweiten und ferneren Versäumnißurtheile anlangt, so erklärt sie das Gesetz wohl aus anderem Grunde für „vorläufig vollstreckbar": es soll Mißbrauch des Versäumnißverfahrens zum Zwecke der Proceßverzögerung verhütet, bezw. bestraft werden. — Dies dürfte nicht ganz unbedenklich sein![47])

Kann man die aufgezählten typischen Urtheile als solche gelten lassen, so ist doch nicht recht ersichtlich, weshalb sie auch ohne Antrag für vorläufig vollstreckbar erklärt werden sollen. Die Vollstreckungsausführung erfolgt doch bei uns nie ohne Antrag. In der Kommissionsberathung wurde auf diesen Einwand erwidert: „die Annahme — sei unbedenklich, daß der Kläger die sofortige Vollstreckbarkeit wolle (??). Sollte ein Antrag erfordert werden, so würde, wenn der Antrag nicht gestellt würde, das Gericht die Parteien darauf aufmerksam machen und sie fragen müssen, ob sie den Antrag stellen wollten." (Wäre das so schwierig, oder vielleicht unzulässig, am Ende gar gegen die „Verhandlungsmaxime" verstoßend?)

Was sodann den § 709, auf Antrag für vorläufig vollstreckbar zu erklärende Urtheile, anlangt, so sind unter Z. 1 bis 3 die bekannten, allerdings meist dringlichen Streitsachen aufgeführt, die ohne Rücksicht auf den Werth vor die Amtsgerichte gehören, Z. 4 bringt dann die oben als unhaltbar bezeichnete ziffermäßige Zulassung der „vorläufigen Vollstreckbarkeit". Zutreffend bemerkt Schultze (S. 556): „ein geeignetes Mittel, für eine große Zahl von Fällen die Gefahren der vorläufigen Vollstreckung zu beseitigen, wäre — die Aufhebung des § 709 Nr. 4"; außerdem setze man für das „muß" ein „kann", „und man wird dem Bedürfniß, indem man seine Beurtheilung dem richterlichen Ermessen unterstellt, vollständig genügt haben." Letzterer Gesichtspunkt ist entscheidend; bei Streichung der Z. 4 hätten auch die Z. 1 bis 3 entbehrt werden können, die ohnehin zum Theil unter die Vorschrift des § 710 fallen, der besser allgemein (dringliche Sachen) zu fassen wäre. Der Ausschluß des richterlichen Ermessens für die Fälle 1—3 des § 709 ist abermals legislativ garnicht zu rechtfertigen. Warum soll, wenn nach der Sachlage zum Ausnahmeverfahren keine Veranlassung gegeben ist, das Gericht auf bloßen, garnicht näher zu begründenden Parteiantrag hin die vorläufige Vollstreckung zulassen?

Ganz anders liegen die Fälle der §§ 710 ff., in denen schlechthin, also wie nach französischem Rechte, das richterliche Ermessen darüber zu entscheiden hat, ob und eventuell unter welchen Cautelen, vom Regelfalle abgewichen werden dürfe und solle; hier wird eben die nothwendige Individualisirung des Falles vorgeschrieben, das ist zulässig, aber auch genügend. Auf diesem Standpunkte steht das neue österreichische Proceßgesetz, jedoch mit der erheblichen Abweichung, daß „vorläufige Vollstreckung" im Sinne der Civilproceßordnung überhaupt nicht, sondern nur „Execution zur Sicherstellung", diese aber regelmäßig auch nur nach richterlicher Prüfung des Falles zugelassen wird.[48]) Das ist der Weg, der auch nach gemeinem Rechte regelmäßig allein dem andrängenden Gläubiger offen stand, um eine Ausnahmemaßregel zu erlangen; also Arrest, einstweilige Verfügung. Diese Einschränkung ist für uns geschichtlich begründet, sie hat sich durch Jahrhunderte bei uns als ausreichend bewährt, und sie hat den großen Vorzug, daß danach die dem Gläubiger gewährte Begünstigung sich erkennbar abhebt von der „Vollstreckung", sich darstellt als das, was sie in der That nur sein sollte, eine aus besonderen Gründen vom Gerichte zugelassene Ausnahmeverfügung. — Bei derartiger Regelung des gesetzgeberischen Problems ergiebt sich ungezwungen als Schlußstein die Entschädigungspflicht des Gläubigers, wofern die von ihm durchgesetzten Ausnahmemaßregeln sich nachträglich als unbegründet erweisen.

Aus der österreichischen Gesetzgebung hat die Novelle von 1898 den Abs. 2 des § 717 unserer heutigen Civilproceßordnung übernommen, dorther stammt auch die oben besprochene „Begründung" der Maßregel. Daß unsere neue Vorschrift den alten, bestehen gebliebenen Bestimmungen sich nicht überall klar und schlüssig einfügt, kann ich zugeben.

Aber die „Begründung“ des Novellenentwurfs will eben ganz gelesen werden, heißt es doch in der Einleitung: „Mehrfache Anregungen haben der Reichsverwaltung Anlaß zu einer Prüfung der Frage gegeben, ob die Gestaltung des Processes auf Grund der geltenden Gesetzgebung weiterreichende Änderungen erheische. Die Erwägungen darüber haben bis jetzt nicht zum Abschlusse gebracht werden können. Ihre Fortführung muß von den Erfahrungen abhängig bleiben, welche mit dem aus der gegenwärtigen Revision sich ergebenden Processgange werden gemacht werden.“

Angesichts dieser offenen, und zugleich auf die Grenzen des gesetzgeberischen Könnens hinweisenden Erklärung halte ich mich berechtigt, den hier erörterten bedeutsamen Schritt, den die Novelle gethan hat, zu rühmen. Es handelt sich, ich wiederhole es, um den vorsichtigen Versuch, in einem hochwichtigen Punkte allmählich unser Civilprocessgesetz zu bessern, dasselbe von willkürlichen, nicht sorgfältig durchdachten, zum Theil ganz unhaltbaren Bestimmungen zu befreien; ihm die Durchsichtigkeit und die Anschaulichkeit zu schaffen, deren Mangel bisher seiner Volksthümlichkeit so sehr im Wege gestanden hat.

Ich kann diesen Abschnitt nicht schließen, ohne auf ein Bedenken zurückzukommen, das betont und begründet zu haben, ein wesentliches Verdienst der Schultzeschen Abhandlung ist. Nur möchte ich dieses Bedenken aus den sonstigen Einwendungen Schultzes gegen die gesetzliche Neuerung vollständig loslösen, weil eben ganz besondere, eigenartige Voraussetzungen in Frage kommen. Ich komme ungefähr zu gleichem Ergebnisse wie Schultze, argumentire aber wie folgt:

Der Satz: „zuvor rechtskräftiges Urtheil und erst danach und daraufhin Zwangsvollstreckung“, ist, so hoch er auch stehen mag, heute für uns doch ein Satz dispositiven Rechts. Wir haben eben die executorische Urkunde, mit Vollstreckungsfähigkeit ausgestattet allein durch den ausdrücklich erklärten Unterwerfungswillen des Schuldners. Es handelt sich dabei um definitive (nicht etwa vorläufige) Vollstreckung, gegen deren Folgen, soweit nicht die Vollstreckungsgegenklage verwendbar erscheint, das Proceßrecht keine Hilfe bietet; nur das bürgerliche Recht kann eine Rückforderung, bezw. eine Entschädigungsforderung begründen. Der § 717 Abs. 2 findet hier keine Anwendung. Ganz das gleiche gilt von den im § 794 zu Z. 1 u. 2 aufgeführten Vergleichen. Unter ausdrücklicher Mitwirkung des Schuldners, durch dessen Willen wird hier der endgültig vollstreckbare Schuldtitel begründet. Es fragt sich, ob noch andere endgültig oder vorläufig vollstreckbare Schuldtitel im Gesetze gegeben sind, denen durch den Willen des Schuldners diese Eigenschaft beigelegt ist?

Das ist zu verneinen zunächst bezüglich der vorläufig vollstreckbaren „Vollstreckungsbefehle" (§ 794 Z. 4), denn für sie gilt das Gleiche, wie für die Versäumnißurtheile des § 708 Z. 3. — Die zweite Versäumniß braucht nicht nothwendig verschuldet zu sein. Auch das Anerkenntnißurtheil ist nicht schlechthin hierher zu ziehen. Es handelt sich um ein im ordentlichen Verfahren ergangenes Sachurtheil, dessen vorläufige Vollstreckbarkeit aus besonderem Grunde (vgl. oben S. 94) vom Gesetze vorgeschrieben ist (anders Schultze S. 554).

Wohl aber muß ich mit Schultze anerkennen, daß die Anwendung des neuen § 717 Abs. 2 auf die im Urkunden-, insbesondere im Wechselprocesse ergangenen, vorläufig vollstreckbaren Urtheile zu Widersprüchen und Härten führt. Hier handelt es sich um besondere Proceßarten, deren Zweck gerade in der raschen Erlangung der Vollstreckungsmöglichkeit gipfelt, und deren Voraussetzungen der Kläger ohne den mitwirkenden Willen des Beklagten sich nicht verschaffen kann. Für den Wechselproceß ist das ohne weiteres klar: ausschließlich die Willenshandlung des Beklagten, die von ihm schriftlich vollzogene Wechselerklärung ermöglicht dem Kläger die Einleitung des besonderen (Wechsel-) Processes, von dem der Beklagte wissen muß, daß das erstinstanzliche verurtheilende Erkenntniß, trotz seiner Berufungsfähigkeit, der vorläufigen Vollstreckbarkeit unterliegt. Der Beklagte hat also unzweideutig eingewilligt, eventuell die vorläufige Vollstreckung über sich ergehen zu lassen. Es wäre wider Treu und Glauben, wenn dem Beklagten unter solchen Umständen die Berufung auf § 717 Abs. 2 zustände, ohne daß Verschulden des Klägers vorläge. Das würde auch im Widerspruch stehen zu der Bestimmung im § 794 Z. 5. Denn, wie bei der executorischen Urkunde die (endgültige) Vollstreckungswirkung hervorgerufen wird durch des Schuldners schriftliche Erklärung, er unterwerfe sich sofortiger Zwangsvollstreckung, so wird auch durch die schriftliche Wechselerklärung des Beklagten besonderer Proceß und als Folge davon die (vorläufige) Vollstreckbarkeit begründet.

Für den Urkundenproceß wird man das Gleiche behaupten dürfen, aber nur wenn dieser besondere Proceß vom Kläger siegreich durchgeführt wurde auf Grund einer vom Beklagten ausgegebenen, den Klageanspruch schlechthin feststellenden Urkunde. Nach heutigem Rechte braucht aber eine solche Voraussetzung keineswegs stets für die Klage im Urkundenprocesse zuzutreffen.[49])

Unter diesen Einschränkungen, also nur in diesem Umfange, halte ich Staubs Bedenken gegen den § 717 für begründet, und für durchaus zutreffend die Bemerkung von Schultze (S. 554): „Es ist ungerecht und entwerthet zugleich diese strengeren Formen privatrechtlicher Verpflichtung, falls der nachlässige und leichtfertige Schuldner sich zwar die ökonomischen Vortheile dieser strengeren Formen zu nutze machen, aber sich gleichzeitig sagen kann, daß er durch ihren Gebrauch nichts riskirt, falls es ihm nur gelingt, in einem unbeschränkten Nachverfahren sich wirksam zu vertheidigen, und daß der Gegner ihm für allen Schaden aufkommen muß, den er etwa durch den Gebrauch dieser strengeren Formen, wenn auch durch seine eigene Saumseligkeit, erleiden könnte."

Gewiß lassen sich beachtliche principielle Bedenken erheben gegen die formale Festsetzung unbedingter Entschädigungspflicht für den Fall unrechtfertiger Ausnutzung der vorläufigen Vollstreckbarkeit eines Urtheils, — das lehrt Schultzes anregende Schrift zur Genüge. Daß umgekehrt die ganze Einrichtung der vorläufigen Vollstreckbarkeit ernstliche Gefahren mit sich bringt, dürfte ebenfalls unbestreitbar sein; ich brauche nur an Bährs Ausspruch zu erinnern.

Aber eben: jene Bedenken und diese Gefahren gegen einander sorgfältig abzuwägen, dazu wollte die Novellengesetzgebung die in der Zeit bis zur Generalrevision unseres Gesetzes zu sammelnden practischen Erfahrungen verwerthen!

Und die Bedenken schrumpfen zusammen, die Gefahren fallen zum größten Theile fort, wenn man — was die „Begründung" der Novelle doch anstrebt — zum österreichischen (richtiger wohl: zum früheren gemeinrechtlichen) System übergeht: von den besonderen Proceßarten abgesehen, keine vorläufige Vollstreckung berufungsfähiger Urtheile, wohl aber nach Lage des Falles ausgiebige Sicherung der künftigen Zwangsvollstreckung im Wege des Arrests oder der einstweiligen Verfügung.

Dann läßt sich die unbedingte Verantwortlichkeit des Sicherung beanspruchenden Gläubigers unschwer vertheidigen; denn die Sicherung gewährende „Entscheidung des Gerichtes selbst gründet sich immer nur auf ein mangelhaftes Cognitionsmaterial, häufig ohne vorherige Anhörung des Gegners und gibt sich daher selbst nur als eine provisorische prima facie-Entscheidung" (Schultze S. 560).

Richter, Partei, Anwalt.

Aus meiner Abneigung gegen den Anwaltzwang habe ich kein Hehl gemacht.[50]) Wer die Geschichte des deutschen Processes seit der Reception auch nur oberflächlich verfolgt, muß bald zur Überzeugung kommen, daß gerade diese Einrichtung unserer nationalen Anschauung vom Gerichtswesen und Rechtsgange schnurstracks zuwiderläuft, und deshalb klang mir glaubhaft genug die Erzählung, daß ein bewährter norddeutscher Richter im Jahre 1879 seine Verabschiedung erbeten habe, mit der Begründung: er hege nicht den Wunsch, unter einem Gesetze, das für Deutschland den Anwaltszwang durchführe, Richterthätigkeit zu üben.

Wenn mir damals beiläufig entgegengehalten wurde, es sei nicht recht klar, wie man ohne Anwaltzwang vorwärts kommen solle, so ist auf solchen, gewiß modern-deutschen Einwurf die Entgegnung nicht eben schwer: ohne Gesetzesänderung gehts natürlich nicht; nach dieser Richtung hin habe ich eben de lege ferenda geschrieben. Daß aber bei anderer Ordnung des Processes man in Deutschland niemals ernstlich an Anwaltzwang gedacht, ihn auch nur für möglich gehalten habe, das ist, wie ich meine dargethan. — Wenn für die höchsten deutschen Territorialgerichte, die rein schriftliches Verfahren durchführten, gelegentlich gesetzlich bestimmt wurde, daß die Schriftsätze nur von einem beim Gerichte zugelassenen Anwalt unterzeichnet werden dürften, so sind solche, überdies nicht häufige Ausnahmen, Sondervorschriften, die mit dem heutigen Anwaltzwange nichts zu thun haben. Denn, wenn die Nothwendigkeit schriftlicher Parteierklärungen feststand, dann konnte im Rechtsmittelverfahren nicht wohl an von den Parteien selbst verfaßte Schriften gedacht werden. Und wenn hiernach ohnehin die Mitwirkung von Rechtsgelehrten unentbehrlich war, so waren Gründe genug vorhanden, um die beim betreffenden höheren Landesgerichte arbeitenden Anwälte zu begünstigen. Hierin liegt der Schwerpunkt jener vereinzelten landesrechtlichen Bestimmungen: bei thatsächlich unerläßlicher Hinzuziehung eines Anwalts sollte in erster Reihe der beim Proceßgerichte zugelassene Anwalt in Anspruch genommen werden.

Überall aber, wo mündliches Verfahren stattfand, war Anwaltzwang schlechthin ausgeschlossen. Mündliches Verfahren aber — das kann nicht genug betont werden — haben wir für die überwiegende Zahl der Processe stets in Deutschland gehabt; nur war das freilich nicht die moderne theoretische Mündlichkeit des heutigen Rechts, sondern die natürliche, gesunde, leibhaftige (nicht nur auf dem Papiere stehende) Mündlichkeit, obgleich ihr zur Seite ging das gerichtliche Protokoll. Dies vorausgeschickt, kann ich nur nochmals darauf hinweisen, daß der moderne Anwaltzwang zumeist es ist, der unser Gerichtswesen in bürgerlichen Streitsachen zu einem unsocialen stempelt, der ihm die Möglichkeit nimmt, volksthümlich zu werden.

Ich rede wahrlich nicht gegen den Anwaltstand, sondern nur gegen den Anwaltzwang. Ich kann auch nimmermehr zugestehen, daß die Schwierigkeiten, die unser neues, technisch doch außerordentlich gekünsteltes bürgerliches Gesetz bietet, den Anwaltzwang vollends unentbehrlich erscheinen lassen. Eine solche Meinung versäumt zu unterscheiden zwischen Gesetzesbeobachtung im Geschäftsverkehr einerseits und Gesetzesanwendung durch die Rechtsprechung andererseits.

Gewiß, der vorsichtige Geschäftsmann, der mit dem gesunden Menschenverstande sich aus dem neuen Codex nicht Rath zu holen vermag, der wird — und wohl noch auf lange Zeit hinaus — thatsächlich gezwungen sein, vor Abschluß wichtiger Verträge das Gutachten eines erfahrenen, gesetzeskundigen Anwalts zu erbitten; das ist ein nach der Art unseres modernen Gesetzesrechts unvermeidlicher Anwaltzwang. Damit ist es aber auch reichlich genug des Zwanges! Mit dem Gerichtswesen, insbesondere mit dem Rechtsgange hat das alles nichts zu thun. Hier gilt doch noch heute, wie vormals vom Gerichte der Satz: dabis mihi factum, dabo tibi jus. Und sollte denn unser Richterstand jetzt plötzlich unfähig geworden sein, aus der Darstellung einer juristisch nicht geschulten Partei — gar noch bei richtiger Ausübung seiner Fragepflicht — das entscheidende factum herauszuschälen, um darauf hin das Recht zu finden? Wer das behaupten wollte, der wäre sicher im Irrthum!

Allein die Frage darf überhaupt nicht so gestellt werden. Nicht die „Mündlichkeit" des neuen Verfahrens bedingt, wie vielfach angenommen wird, den Anwaltzwang, sondern jene andere aus Frankreich entlehnte Einrichtung, der „Proceßbetrieb durch die Parteien" sammt dem dazu gehörigen Zustellungswesen. v. Lang schreibt in seiner sachkundigen Beurtheilung der Civilproceßordnung: „Sogar für die rechtsgelehrten Anwälte ist die Zumuthung, welche ihnen der Proceßbetrieb durch sie macht, zu stark. Es hat mir ein tüchtiger Anwalt mitgetheilt, er wundere sich über nichts so sehr, als daß er und seine Kollegen angesichts der großen Verantwortlichkeit, welche ihnen aus irgend einem Formfehler bei den Zustellungen, namentlich von Einspruchs- und Berufungsschriften drohe, überhaupt ruhig schlafen können." [51]) Das Zeugniß ist gewiß classisch. Wie sollte es danach einem juristischen Laien überhaupt möglich sein, einen landgerichtlichen Proceß mit Aussicht auf Erfolg ohne Rechtsanwalt durchzuführen? Der „Parteibetrieb“ nun ist nicht ein unentbehrlicher Bestandtheil unseres heutigen Rechtsganges; die Abschaffung des Parteibetriebes ist schon vor 12 Jahren in jener tüchtigen v. Langschen Schrift empfohlen worden, sie wird heute angestrebt (vgl. oben S. 41), sobald sie durchgeführt, oder doch der Parteibetrieb energisch eingeschränkt wird, würde sich gewiß herausstellen, daß wir den Anwaltzwang — niemals den Anwaltstand, dem es an reichlicher Beschäftigung trotzdem nicht mangeln würde, — sehr wohl entbehren können.

Und wenn man mir hier abermals die oben erwähnte Frage vorlegt: „wohin würde es ohne Anwaltzwang mit dem landgerichtlichen und oberlandesgerichtlichen Verfahren kommen?“ — so könnte ich mich mit der Antwort begnügen: „dorthin, wohin nicht nur das collegial organisirte Gewerbegericht, sondern auch der preußische Bezirksausschuß, das preußische Oberverwaltungsgericht, Würtemberg mit allen seinen Gerichten bis zum Inkrafttreten der Civilproceßordnung (vgl. oben S. 71) gekommen sind, d. h. zu einer gesunden, befriedigenden Rechtspflege. Die Verwaltungsgerichte ohne Anwaltzwang, das Gewerbegericht sogar unter Ausschluß der Betheiligung von Anwälten am Verfahren (G.G.G. § 31).

Diese Bestimmung des Gewerbegerichtsgesetzes vermag ich allerdings nicht zu vertheidigen. Was ich zu ihrer Begründung in den Gesetzesmaterialien gefunden habe, erscheint mir nicht durchschlagend. Die Vorschrift fehlte im Entwurf, dessen „Begründung“ nur bemerkte, daß „eine Unterstützung“ der Parteien im gewerbegerichtlichen Verfahren „durch rechtskundige Vertreter oder Beistände im Allgemeinen weder thunlich noch wünschenswerth" sei. Die Reichstagskommission dagegen „war einig darüber, daß der Ausschluß der Rechtsanwälte sowohl zur Beschleunigung, wie auch zur Verbilligung des Verfahrens durchaus wünschenswerth sei, und daß derselbe auch angänglich sei, weil die den Gewerbegerichten unterbreiteten Streitigkeiten fast ausschließlich von gewerblicher und nur höchst selten juristischer Natur seien". — „Gewerbliche" und „juristische Natur" eines Rechtsstreits dürften doch kaum rechte Gegensätze sein! Und warum sollte in den „höchst seltenen" Fällen von Streitigkeiten „juristischer Natur" rechtskundiger Beistand den Parteien versagt bleiben? — In der Reichstagsverhandlung wurde der Kommissionsvorschlag beanstandet, man wollte den Ausschluß der Anwälte wenigstens nicht absolut hingestellt sehen (von Pfetten-Arnbach, von Boetticher, Bachem); dafür fand sich aber wieder keine befriedigende Formulirung; der Vorschlag der Kommission wurde angenommen.[52])

Ich weiß sehr wohl, daß in früheren Zeiten oft genug die Anwälte von einzelnen Processen, unmittelbar oder mittelbar, zum Theil auch von der Theilnahme an einzelnen Verhandlungen, namentlich dem Sühneverfahren, schlechthin ausgeschlossen wurden. Das war begreiflich damals, als die Rechtsanwälte für Feinde jedes geordneten Gerichtsverfahrens angesehen, für den Niedergang der deutschen Rechtspflege verantwortlich gemacht wurden. Eine Gesetzgebung, die wie unsere heutige, behufs Durchführung guter Rechtsprechung für die obere Schicht der Processe, den Anwaltzwang übernommen hat, geräth in Widerspruch mit sich selbst, wenn sie für andere Processe die Hinzuziehung von Anwälten, weil Verzögerungen herbeiführend, verbietet. Eine gewisse Herabsetzung ist damit immerhin gegeben für denselben Berufsstand, zu dessen Hebung man sich nicht scheute, unser Volk, soweit bestimmte Gerichte in Betracht kommen, vollständig zu entmündigen! Es ist daher begreiflich, daß jene Bestimmung des Gewerbegerichtsgesetzes von unserem Anwaltstande mit ganz besonderer Empfindlichkeit bekämpft wird.[53]) — Andererseits scheint es mir nicht richtig, derjenigen Partei im Gewerbegerichtsprocesse, die nun einmal kein rechtes Vertrauen zum Gerichte hat, sich deshalb Schutz durch den rechtskundigen Beistand schaffen will, solches zu verwehren! Das fehlende Vertrauen wird durch solche Beschränkung doch gewiß nicht hervorgerufen.

Ich meine also, daß die würtembergische Proceßgesetzgebung v. J. 1868, die preußische Verwaltungsgerichtsgesetzgebung den heute allein gangbaren und Erfolg versprechenden Weg eingeschlagen haben, durch Vermeidung jedes Zwanges: vor allen Gerichten kann die Partei persönlich verhandeln, sie darf aber ebensowohl sich durch einen Rechtsanwalt vertreten lassen.

In der That, die Frage der juristischen Parteivertretung im Processe wird befriedigend nur geregelt durch das Bedürfniß des Lebens. Größere und größte Streitigkeiten kommen überhaupt nicht in Betracht. Das „Zeit ist Geld" weiß man in unseren Tagen auch in Deutschland genug zu würdigen, und wers zahlen zu können vermeint, wird sicher sich lieber vom Anwalt vertreten lassen, als daß er halbe und ganze Tage in den Gerichtsräumen verlöre. Die Erfahrungen der Vergangenheit beweisen, daß selbst in weniger erwerbsschweren Zeiten die obergerichtliche Rechtspflege durch den Mangel des Anwaltzwanges nicht lahmgelegt wurde.

Dagegen ist die gesetzliche Ausschließung der Partei vom selbständigen Verhandeln vor den Landgerichten von allergrößter Wichtigkeit, soweit diese Gerichte Berufungsinstanz über den Amtsgerichten sind. Hier ist die Beseitigung des Anwalt=

zwanges, die im übrigen bei den Collegialgerichten practisch kaum bemerkbar werden würde, geboten, und nach meinem Dafürhalten ohne nennenswerthe Nachtheile auch durchführbar. Und was verschlüge es doch, wenn gelegentlich Verzögerungen durch das Verhandeln ungeschulter Parteien eintreten würden? Steht nicht dem gegenüber der für die Autorität unserer Rechtspflege geradezu unermeßliche Gewinn, daß auch der „kleine Mann", wie es unser Volk Jahrtausende hindurch gewohnt war, seinen Berufungsrichter selbst anreden kann?

Wir verabscheuen die „Heimlichkeit" des Gerichtsverfahrens, wir gewähren auch im Civilverfahren breiteste „Oeffentlichkeit" für das uninteressirte Publikum, das denn auch davon keinen Gebrauch macht — es sei denn bei strengem Winter wegen der unentgeltlichen Feuerung in den Gerichtsräumen (Feuerbach II S. 214). Aber für die thatsächliche Heimlichkeit, die daraus erwächst, daß die amtsgerichtliche Partei von der Person des Berufungsrichters getrennt wird durch den Anwaltzwang, für diese unbillige, die Gerichte selbst schädigende Heimlichkeit haben wir kein Auge. Das ist wieder eine der inneren Unwahrheiten unseres heutigen Gerichtswesens, bei dessen Aufbau man geglaubt hat, alle Lehren der Vergangenheit ungestraft außer Acht lassen zu dürfen! Oder könnte man im Ernst entgegnen, daß die Partei, die schon durch die hohen Anwaltkosten beim Landgerichte beschwert ist, ja „berechtigt" sei, neben dem Anwalte zu erscheinen und zuzuhören, — also noch dazu ein Stück werthvoller Arbeitszeit zu verschleudern? Ich kann es nur immer wieder bedauern, daß unsere Proceßtheorie die moderne „Mündlichkeit des Verfahrens" so oft als eine segensreiche „Unmittelbarkeit des Verfahrens" preist. Diese Wendung nimmt sich fast aus wie eine Satire. „Was man dort Unmittelbarkeit nennt, ist nur eine Schein-Unmittelbarkeit.

Denn die Parteien treten ja auf, von Kopf bis zu Fuß maskirt durch die Person ihrer Anwälte."[54])

Der Zweck der Novelle, soweit sie hier besprochen wird, war: hinüberzuleiten zur Generalrevision der Civilproceßordnung; einzelne, besonders fühlbare Mängel des Gesetzes, soweit das möglich erschien, gleich zu beseitigen; im übrigen durch vorsichtige einstweilige Maßnahmen tiefere Eingriffe für die Zukunft anzubahnen, sofern inzwischen sich günstige Erfahrungen ergeben würden.

Bei diesem Charakter des Gesetzes konnte an eine energische Stellungnahme gegen den Anwaltzwang füglich noch garnicht gedacht werden. Immerhin stößt man bei näherem Zusehen auf einige ganz behutsame Versuche, die durch das Gesetz unserem Anwaltstande verliehene Souveränetät doch ein wenig zu Gunsten der Richtergewalt einzuschränken.

Die wunderliche Bestimmung des § 88 (84) Abs. 2, die dem Gerichte verbietet in Anwaltsprocessen von Amtswegen Vorlegung der Vollmacht zu verlangen, sollte gestrichen werden. Man sollte doch meinen, daß damit nur ein selbstverständliches Recht dem Richter zurückgegeben worden wäre! Aber der Vorschlag drang nicht durch, er wurde mit Rücksicht auf den preußischen Stempel von 1,50 Mark als lediglich im fiskalischen Interesse erdacht, bezeichnet.[55]) Ich weiß nicht ob gerade dieser Grund durchschlagend war; vielleicht wäre doch für die Gerichtsvollmachten auch in Preußen — wie z. B. in Bayern — Stempelfreiheit zu erlangen gewesen. Bei Verwerfung des Vorschlages mag doch auch mitgewirkt haben die Auffassung, daß die Würde des Anwalts der Civilproceßordnung durch Zulassung amtlicher Controle gefährdet sei. Es bleibt also dabei, daß zwei Rechtsanwälte, wenn eine Sache, die die Kosten trägt, in Frage kommt, in fingirtem Processe von Hinz gegen Kunz sich eine als Präjudiz benutzbare Entscheidung verschaffen können, ohne daß das Gericht sie zu hindern vermöchte!

Der Vortermin ist gefallen, weil für ihn der Anwaltzwang aufgehoben werden sollte (vgl. oben S. 68).

Das waren also mißglückte Versuche! Dadurch wird, wie ich glaube, die Zukunft sich nicht abschrecken lassen, mit neuen, energischeren Vorschlägen aufzutreten. Freilich, der Anwaltzwang ist diejenige Schöpfung von der aus unserer heutigen Proceßordnung die größte Zahl von Vertheidigern erwächst, eine Einrichtung, deren Antastung die größte Zahl von Gegnern ins Treffen führt. Denn wir haben im Reiche 6800 Anwälte, und sicher die ganz überwiegende Mehrzahl derselben identifizirt das Standesinteresse mit der unberührten Aufrechthaltung des Anwaltzwanges. Allein hier muß es eben heißen: „viel Feind' viel Ehr" einerseits, und „zurück zu unserem nationalen Rechte" andererseits.

Daß der Anwaltzwang der Civilproceßordnung sich mittlerweile doch auch eine Anzahl von Gegnern erworben hat, weisen die Reichstagsverhandlungen über die Novelle zur Genüge aus.[56]) Die Gegnerschaar würde ganz anderen Umfang aufweisen, wenn bei den Rechtsschutz suchenden Parteien, die nicht als solche im Reichstag vertreten sind, Umfrage gehalten werden könnte. Einstweilen indessen war die Majorität des Reichstages dem Anwaltzwange schlechthin zugeneigt. Dabei ist gelegentlich ein hübsches Schlagwort, von einem „Bravo! in der Mitte" begrüßt, neu auf den Plan getreten: „Wer das Ansehen des Anwaltstandes drückt, drückt schließlich auch das Richterthum in seinem Niveau herunter, und je angesehener die Personen sind, die vor den Richtern das Recht vertreten, je höher steht auch der Richter, der ihnen das Recht spendet."[57])

Ich muß offen gestehen, daß mir von dieser wohlklingenden Ausführung nichts zwingend, nichts überzeugend erscheint!

Von einem Druck auf das Ansehen des Anwaltstandes habe ich zunächst in den Vorschlägen der verbündeten Regierungen nichts auffinden können; der sanfte Versuch zur Einschränkung des Anwaltzwanges tastet mit nichten das Standesansehen an. Mit dem Ansehen unserer Richter aber stände es schlimm, wenn dasselbe nach dem Ansehen des vor ihnen auftretenden Anwaltstandes bemessen werden müßte. Das Richterthum empfängt sein Ansehen aus der in seine Hand gelegten staatlichen Gewalt. Dieses Ansehen ist — und so auch nach unseren Gesetzen — begrifflich das gleiche für alle Richterstellen. Es fließt ab aus der Macht, über das Recht, das Privatrecht der Staatsangehörigen zu entscheiden, es duldet in sich keine Abstufungen. Von jenem Schlagworte aus könnte man schließlich zu dem Ergebnisse kommen, daß der Amtsrichter als Richter minderer Würde vom Gesetze gedacht sei, weil vor ihm die Parteien, auch die niedersten, selbst verhandeln dürfen, während die Landgerichte doch die Partei als nicht erschienen betrachten müssen, wofern ihr nicht der Anwalt in seinem Standesansehen zur Seite steht.

Und doch, die hier bemängelte Äußerung ist erklärlich genug, weil eben unser Gesetz in dem gerechtfertigten Bestreben, uns einen angesehenen Anwaltstand, dessen jede vollkommene Rechtspflege bedarf, zu sichern, Bestimmungen bringt, die das normale Verhältniß zwischen dem Anwalt und dem über ihm stehenden staatlichen Richter nothwendig verschieben, oder doch in seiner Anschaulichkeit beeinträchtigen *müssen*.

Der ausgedehnte Anwaltzwang stellt zunächst eine gewaltige, aus der Tasche der Rechtsuchenden fließende, mit einer gewissen

Sicherheit fürs Jahr berechenbare Summe für den Anwaltstand als Ganzes zur Verfügung. Der Anwaltzwang bezweckt seiner Idee nach gute, sorgfältige Rechtsprechung; gerade so unentbehrlich zu einer solchen sind nach dem Gesetze, wie die Richter: vom Landgericht ab aufwärts auch die Anwälte. Das weist schon eine gewisse Verschiebung auf. Aber wenn hiernach die zugelassenen Anwälte doch als eine Art von staatlichen Functionären — um nicht zu sagen von Beamten — sich darstellen, so fehlt ihnen doch das erste zu solcher Stellung, die klar bemessene Pflicht. Ist der Anwalt unerläßlich zur Durchführung guter staatlicher Rechtspflege, dann ist doch zuletzt die Schlußfolgerung naheliegend, er habe in dieser seiner Stellung das objektive Recht zu vertreten. Natürlich ist das nicht gemeint, der Anwalt soll vielmehr Vertreter des Parteiinteresses sein. — Ganz unbeschränkt? Das Gesetz zieht keine Grenze, auch § 31 Z. 1 der Rechtsanwaltsordnung („pflichtwidrige Handlung") schiebt alles ins Ermessen des Anwalts, ebenso § 28 („gewissenhaft"). Der Anwalt bestimmt also seinen Pflichtenkreis selbst. Die Partei, die ihn anrufen muß, die ihn gelegentlich „wählt", obgleich sie keine Wahl mehr hat, da nur noch dieser Anwalt zur Verfügung steht, sie ist schlechthin dem Anwalt unterstellt. Jeder Einfluß auf die Proceßführung ist der Partei genommen durch die Unwirksamkeit der Vollmacht-Einschränkung dem Gegner gegenüber, durch jene Bestimmungen, deren Zweckmäßigkeit für einen glatten Fortgang des Processes gewiß nicht verkannt werden soll (C.P.O. §§ 81 ff.); aber diese Bestimmungen beseitigen die Partei ganz und machen den „Vertreter" zum souveränen Herrn der Proceßführung im gegebenen Falle.

Man kann sich dagegen nicht auf die Analogie des Vertheidigers im Strafverfahren berufen. Hier hat der Staat das unmittelbare Interesse am Ausgange der Verhandlung, hier giebts nur der Form nach „Parteien", hier bietet die Thätigkeit des „Vertreters" eine erwünschte Controle über Vollständigkeit des Materials, über vorsichtige Beurtheilung des Sachverhalts durch den Richter. Hier aber — und das eben entscheidet — kann die angeklagte „Partei" durch ihren „Vertreter" principiell überhaupt nicht geschädigt werden, denn dahinter steht der Richter, der pflichtgemäß auch das Interesse des Angeklagten, dessen „Vertheidigung" zu berücksichtigen hat. Das ist im Civilverfahren anders. Versäumnisse, Verfehlungen des ihr vom Staate aufgezwungenen „Vertreters" binden die Partei schlechthin (C.P.O. § 85); keineswegs, daß etwa der Staat dahinter stände! Die Partei mag sich bei ihrem Anwalt Entschädigung holen (wenn er in der Lage ist, solche zu leisten), die Partei hat ihn ja „gewählt"! Und diese mit dem Monopol für das einzelne Gericht ausgestatteten Anwälte sind nicht einmal verpflichtet, die Vertretung einer sie anrufenden Partei zu übernehmen, sie dürfen (anders als im gemeinen Rechte) schlechthin, ohne Begründung, ihre Thätigkeit in der betreffenden Sache zu Gunsten dieser Partei versagen (R.A.O. § 30). Freilich, findet eine durchaus solvente und zahlungsbereite Partei in Folge solcher Verfügungen überhaupt keinen Anwalt, so wird ihr schließlich vom Proceßgerichte ein solcher beigeordnet (§ 33 ebds.); aber — nur wenn nach gerichtlicher Prüfung „die Rechtsverfolgung oder Rechtsvertheidigung nicht muthwillig oder aussichtslos erscheint". Der Fall wird also gleichgestellt dem Armenrechtsgesuche (C.P.O. 114 ff.), m. a. W.: die von den souveränen Anwälten zurückgewiesene solvente Partei muß jetzt vom Gerichte so behandelt werden, als wäre sie genöthigt, staatliche Güte, staatliche Unterstützung zu erbitten (!).[58])

Ich bezweifele nicht, daß viele über derartige Erwägungen sich hinwegsetzen werden mit dem Bemerken, daß das eben nur Theorie sei, die Praxis stelle sich ganz anders heraus; Härten dieser Art würden durch den Anwaltzwang in der practischen Bethätigung überhaupt nicht gezeitigt. Schlechthin wird das sicher nicht zuzugeben sein, doch kann ich hiervon absehen.

Eins aber scheint mir übrig zu bleiben: es liegt ein circulus vitiosus in der Einrichtung des Anwaltzwanges, wie sie durch unsere Gesetze gestaltet worden ist. Derartiges ist erträglich, wenn es sich darstellt als Schlußstein einer langen geschichtlichen, nationalen Entwickelung, — Frankreich liefert das Beispiel! Nicht aber wenn es plötzlich, im Gegensatze zu aller Vergangenheit — so steht es für Deutschland — einem Volke durch Gesetz aufgedrängt wird. Die Folge zeigt sich nothwendig darin, daß der plötzlich in dieser Weise privilegirte Anwaltstand selbst nicht sogleich die richtige Grenze für seine Rechte und Pflichten zu finden vermag. Soviel ist sicher: der Partei gegenüber kann der Anwalt sein Zwangsrecht am bequemsten erklären durch die nothwendige „Controle des Richters". Der Gedanke hat ja auch zweifellos mitgewirkt bei Herstellung des Gesetzes, nur darf dieser Gedanke nicht in den Vordergrund treten, wozu er immerhin die Tendenz hat: dann erfolgt eben die Erhöhung des Anwaltstandes auf Kosten des Richterthums. — Es liegt doch hiervon etwas in dem parlamentarischen Schlagworte, von dem ich oben ausging. Bezeichnender ist ein anderes Beispiel, ebenfalls der Reichstagsverhandlung entnommen:

Der Abgeordnete Trimborn äußerte: bedenklich erscheine „die Bestimmung, daß in dem Vortermin ein Vergleich abgeschlossen werden kann, ohne daß der Beklagte durch einen Anwalt vertreten ist. Man sagt: der Vorsitzende soll seine schützende Hand über den Beklagten halten. Aber — ob der Schutz stets ausreichend sein wird, ist mir außerordentlich zweifelhaft. Bei dinglichen Klagen, die in der Regel sehr schwieriger Natur sind — um nur dieses Beispiel herauszugreifen —, da wird weder der Vorsitzende noch der unerfahrene Beklagte die volle Tragweite überschauen, und dann wird die Neigung, Vergleiche herbeizuführen — sie ist ja an sich löblich —, dazu führen, daß in die volle Tiefe der Materie nicht eingedrungen wird. Da kommen dann sehr leicht irreparable Entscheidungen und Entschließungen in die Welt hinein, die dem Beklagten nachher möglicher Weise sehr theuer zu stehen kommen und für die der Vorsitzende die schwere Verantwortlichkeit trägt".[59])

Deutlicher kann man die Superiorität des Anwalts gegenüber dem Richter einerseits und der entmündigten Partei andererseits nicht wohl aussprechen. Und das heute in Deutschland, dessen Volk die Jahrhunderte hindurch sich wohlbefunden hat bei dem fast allgemein durchgeführten Satze, daß Vergleichsschlüsse vom Gerichtsvorsitzenden allein mit den Parteien persönlich zu erledigen seien, regelmäßig unter Ausschluß der Anwälte von der Vergleichsverhandlung!

Und ein anderes Beispiel: In derselben Reichstagsrede wurde auf die Mißstände hingewiesen, die daraus entständen, daß der Kläger nicht „entweder bald zum Versäumnißurtheil gelangt oder möglichst bald seinen Gegenanwalt kennen lernt". „Am 25. Juni reiche ich eine Klage ein" — der Vorsitzende sagt: „das Bevorstehen der Ferien ist kein Grund für die Verkürzung" — „also regulärer Termin: 15. November"! — „Die Ferien gehen dahin. Von einem Gegenanwalt höre und sehe ich nichts. Erst am 14. November, am Tage vor dem

Termine, bekomme ich eine Anwaltsbestellung. Ich könnte nun, so werden Sie sagen, auf der Verhandlung am 15. bestehen; aber das geht nicht. Einmal muß ich mich doch auf die Klagebeantwortung rüsten. Sodann aber würde ich mich der Gefahr aussetzen, daß der betreffende Kollege, wenn ich einmal in eine gleiche Lage komme, Revanche übt. Auch an mich kann einmal eine Partei kurz vor dem Termine herantreten. Solche kollegiale Rücksichten zu nehmen, das gehört zu den Kampf- und Kriegsgesetzen unter der Anwaltschaft, die absolut nöthig sind, wenn das Leben unter uns nicht absolut unleidlich und unerträglich werden soll."

Es ist mir wohlbekannt, daß derartige Rücksichtnahme auf die „Kollegen", sei es auch unter größerer oder geringerer Benachtheiligung des eigenen Klienten, von den Anwälten stets geübt worden ist; es wird wohl auch in Zukunft dabei bleiben. Einigermaßen vertheidigen läßt sich auch solche Rücksichtnahme überall dort, wo die Partei nach ihrem Belieben den Richter persönlich oder durch einen Anwalt angehen kann. Die Partei hat dann eben selbst zu verantworten, daß sie ihre Sache dem betreffenden Anwalt anvertraute, anstatt sie selbst zu führen. — Aber — und nun tritt wieder der circulus vitiosus hervor, von dem ich sprach — ein mir vom Staate, mit dem Verbote persönlichen Verhandelns aufgezwungener Anwalt, der sich für berechtigt hält, auf meine Kosten (mag Nachtheil oder Verzögerung auch noch so gering sein) sein Leben unter den Kollegen leidlich und erträglich zu gestalten!? — Ich bezweifele, daß hierfür eine Vertheidigung geliefert werden kann!

Alle solche Bedenken, zum Theil doch recht ernster Art, fallen fort mit Beseitigung des Anwaltzwanges. Dieselbe würde materiell den Stand nicht beeinträchtigen, wohl aber bei gesunder Entwickelung der Anwaltschaft das Ansehen des Anwaltstandes bei uns in Deutschland nur erhöhen.

Über das Leben, über die Volksanschauung ist unserem Gesetzgeber nur beschränkte Macht gegeben. Alles was unsere Gesetze gethan haben, um unseren Anwaltstand zu heben und hoch zu stellen, ist wirkungslos, so lange nicht das Ansehen des Standes frei emporwächst aus seiner eigenen Haltung, aus der bewährten Überzeugung des Volkes von der unantastbaren Pflichttreue der Anwälte, von ihrer Hingabe für die Sache des Vertretenen. Fest gegründet wird für die Dauer solch' Ansehen und Vertrauen durch unerschütterlich ehrenhafte, empfindlich ehrenhafte Traditionen, die dann den jung hinzutretenden „Kollegen" ohne weiteres gefangen nimmt und sicher leitet. Sind aber diese Voraussetzungen einmal gegeben, dann bedarf es auch weiter zur Erhaltung des Standesansehens nicht des Anwaltzwanges. Die ohne derartige gesetzliche Privilegirung aus eigener Kraft aufrecht erhaltene Würde wiegt mehr, schafft uns in bestem Sinne eine „freie Anwaltschaft".

Die zunftmäßige Organisation ist gut, weil sie ein geeignetes Mittel zur Bildung und Erhaltung einer wackeren Tradition darstellt. Weitere Gesetzesprivilegien sind im Interesse des Anwaltstandes überflüssig.

Materielle Schädigung des Anwaltstandes wäre von der Beseitigung des Anwaltzwanges n i c h t zu befürchten. Der Ausfall einer Anzahl Processe von geringerem Streitwerthe käme nicht in Betracht, zumal beim Wegfall des Monopols die minder tüchtigen Kräfte vom Eintritt in den nunmehr erst „freien" Wettbewerb — zum Vortheil des Standesansehens — zurückgehalten werden würden. Daß die größeren Streitsachen, die ganz überwiegende Mehrzahl der in erster Instanz an die Landgerichte gewiesenen Processe, auch ohne Zwang den An=

wälten zufallen würde und ebenso nach wie vor eine große Anzahl amtsgerichtlicher Processe, — das alles kann für den nicht zweifelhaft sein, der unser modernes, die Zeit auskaufendes Leben, unsere heutigen Gewohnheiten und — nicht zuletzt! — unsere heutige Privatrechts- und Proceßgesetzgebung unbefangen zu beurtheilen und zu würdigen vermag.

Ich habe nun noch einige, für die Stellung des deutschen Richteramts günstige Ergebnisse der Novellenberathung zu berühren.

Ohne Wirkung verklang im Reichstage jene rheinländische Sirenenstimme, die uns, behufs „Reinhaltung des Richteramts", die Übernahme der „qualités", des französischen Rechts, des von den Anwälten der Parteien abgefaßten „Thatbestandes" empfahl.[60]) Wir denken eben noch gelegentlich an v. Kräwels wackeren Ausspruch: „Es muß in Deutschland erst noch weit mehr zum allgemeinen Bewußtsein kommen, daß der Deutsche ganz andere Ansprüche an seinen Richter macht, als der Franzose; daß der französische Richter ganz andere Begriffe von seiner Pflicht hat, als der deutsche." — Nach allen Richtungen hin giebt dieses Wort den Ausgangspunkt für die Gesundung unseres Civilprocesses!

Sodann halte ich für eine überaus günstige Neuerung die Erweiterung des § 264 (früher 235 Z. 3), der nunmehr nach Eintritt der Rechtshängigkeit eine Klageänderung zuläßt, nicht nur wenn der Beklagte einwilligt, sondern auch „wenn nach dem Ermessen des Gerichts durch die Änderung die Vertheidigung des Beklagten nicht wesentlich erschwert wird". Das bringt wieder ein Stück bona fides in unseren Proceß; das formelle Recht zu bequemer Chikane wird eingeschränkt. Heißt es doch in der „Begründung", offenbar nach Erfahrungen aus der Praxis: „diese Voraussetzung wird beispielsweise in dem Falle regelmäßig zutreffen, daß der Beklagte die zur Begründung der abgeänderten Klage dienenden Thatsachen selbst zu seiner Vertheidigung gegen die ursprüngliche Klage angeführt hat". (101.)[61])

Ganz unbeanstandet blieb dieser Vorschlag nicht, — indessen er ist Gesetz geworden. Die „Begründung" war im übrigen etwas zurückhaltend. Unsere neue Gesetzesbestimmung ist der österreichischen Proceßordnung (§ 235 Abs. 3) entnommen. Warum übernahm man nicht gleich auch die tapfere, geradeaus gehende, „erläuternde Bemerkung" des österreichischen Entwurfs? Es heißt dort (Materialien Bd. I S. 283): „Wenn die Änderung (der Klage) nach Eintritt der Streitanhängigkeit mit Zustimmung des Gegners stattfinden kann, so ist nicht einzusehen, warum die Einwilligung des Gegners nicht durch objectiv zu Gunsten der Bewilligung der Klagänderung sprechende Gründe wenigstens dann soll ersetzt werden können, wenn der Gegner durch die Änderung betreffs der Durchführung des Processes Nachtheile nicht erleidet." — ?

Aber vielleicht war es diplomatisch richtig, bei uns — nicht so offen zu sein!

Endlich ging glücklich vorüber eine Gefahr ernstester Art, die dadurch entstand, daß in der Reichstagskommission beantragt wurde, die Eingangsworte des § 139 (130) „der Vorsitzende hat durch Fragen darauf hinzuwirken" u. s. w. — zu ersetzen durch die Wendung „der Vorsitzende soll durch Fragen darauf hinwirken". — Das hing zusammen mit dem Bestreben, der reichsgerichtlichen Praxis entgegen zu treten, die bekanntlich in der nicht gehörigen Ausübung der Fragepflicht eine die Revision begründende Gesetzesverletzung erblickt (vgl. oben S. 26). Doch hatte der Antragsteller auch geäußert: „Übrigens sei die Fragepflicht mit der Verhandlungsmaxime schwer in Einklang zu bringen". — (!!)

Der Antrag wurde indessen zurückgezogen, nachdem in der Kommission sehr zutreffend erwidert worden war: „Bezüglich der Fragepflicht sei entscheidend deren hoher Werth für die Parteiinteressen, dem gegenüber alle anderen Erwägungen zurücktreten müßten. Übrigens habe die Verhandlungsmaxime durchaus nicht die Bedeutung, daß der Richter lediglich den Vortrag der Parteien entgegen zu nehmen habe." (301, 302.)

Gottlob, der beste Paragraph unserer Civilproceßordnung ist uns unangetastet erhalten worden! Es bleibt bei der richterlichen Frage*pflicht*. Die Reichstagsvorlage vom Jahre 1874 hatte nur ein richterliches Frage*recht* („der Vorsitzende *kann*" u. s. w.) geboten. Die heutige werthvolle Fassung des § 139 (130, „der Richter hat" u. s. w.) verdanken wir bekanntlich den Anträgen der drei Practiker *Becker*, *Bähr* und *Grimm*. — Und unsere Praxis wird sicher, mag auch die Theorie gelegentlich mit allerlei „Distinctionen" dreinreden wollen, dieser ihrer Fragepflicht in vollem Maße treu zu bleiben wissen![62])

Mit der Übersicht über die Ergebnisse der Novellenberathung von 1898 wäre ich am Ende. Nur die wesentlichsten Momente sollten berücksichtigt werden. Auf die Grundanschauungen, die in Vorlage, Berathung und Gesetz hervortraten, kam es mir an, um von ihnen aus die Richtung der künftigen Reform berechnen zu können. Und zusammenfassend glaube ich nicht fehl zu gehen, wenn ich sage: **die Aussichten für die Zukunft sind gut, sie sind zum Theil hocherfreulich!**

Gesetzesänderungen so einschneidender Natur, wie die Umgestaltung des Rechtsganges in bürgerlichen Streitsachen, vollziehen sich nicht kampflos; und von Werth ist bereits, daß Umfang und Art der Gegnerschaft, die unserer Proceßreform entstehen wird, nach den bei diesem vorsichtigen Versuche gemachten Erfahrungen annähernd sich feststehen lassen. Weit erfreulicher erscheint mir, daß an leitender Stelle, also bei den fachmännischen Arbeitern der verbündeten Regierungen, der Nimbus geschwunden ist, der unsere Civilproceßordnung in den ersten Jahren ihres Bestehens umkleidete. War doch dieser Nimbus zu nicht geringem Theile gewoben von einer volksfremden, lebensfremden Theorie, die ihren Ursprung — die Bewegung von 1848 — auch insofern nicht verläugnete, als sie gelegentlich Neigung zeigte, durch schillernde Phrasen sich erwünschte Deckung zu schaffen. Das ist dahin; auf solch schwankenden Grundlagen wird die künftige Proceßreform nicht ruhen, ich brauche nur nochmals zu erinnern an die vom Regierungstische gemachte Äußerung, daß die „reine Mündlichkeit“ als ein schlechthin gestaltungskräftiges „Princip“ bei Seite zu legen sei (oben S. 53). Dieselbe Stellung hat man eingenommen zum anderen „Princip“ des Proceßbetriebs durch die Parteien (oben S. 40 ff.) und speciell hier kommt noch in Betracht die neuerdings in Anlaß des bevorstehenden Juristentages eingeleitete Bewegung. — Der von den Regierungen vergeblich vorgeschlagene „Vortermin“ aber, der zunächst dem Proceßverschlepp steuern sollte, wie er mit dem „Parteibetrieb“

anscheinend untrennbar verbunden ist, griff noch viel weiter, tastete den „Anwaltzwang“ an, wenigstens in der Gestaltung, wie das heutige Gesetz ihn kennt. An anderer Stelle waren dann günstige Ergebnisse zu verzeichnen für eine gesundere Abgrenzung der richterlichen Rechte, zum mindesten war es erfreulich, daß die Versuche, unsere Richtergewalt noch mehr einzuengen, mühelos abgeschlagen werden konnten. Und endlich: — nicht gering darf der Fortschritt angeschlagen werden, den wir in der Richtung auf gerechte, verständliche, anschauliche Regelung des Vollstreckungsverfahrens gemacht haben, durch die von der Regierung durchgesetzte unbedingte Entschädigungspflicht bei „vorläufiger Vollstreckung“ die hinterher sich als ungerechtfertigt erweist. — Es ist das eine Repressivmaßregel, die zur Zeit manche Unebenheit im Gefolge hat, deren Endziel aber durchaus gesund erscheint: Beseitigung der „vorläufigen Vollstreckbarkeit“ (mit Ausnahme nur weniger, ganz besonders gelagerter Fälle) und Befriedigung des Bedürfnisses, soweit es überhaupt Anerkennung verdient, durch Sicherungsmaßregeln. — Auch den abgelehnten Vorschlag einer Verdoppelung der Revisionssumme habe ich nur zu billigen vermocht.

Das alles ist nach meinem Dafürhalten hoffnungsvoll und dankbar zu begrüßen, umso dankbarer, als die Zeit für Berathung und Durchsetzung materiell bedeutsamer Abänderungen nur überaus sparsam bemessen war; denn hinter jeder längeren Diskussion stand als drohendes Gespenst der Gedanke: das Inkrafttreten des neuen Bürgerlichen Gesetzbuchs könnte hinausgeschoben werden!

Einstweilen ist freilich der Weg, der richtige Weg zum Ziele eben nur betreten worden, und ich müßte deshalb ehrlich ein „concedo“ sprechen, wenn man, mit Hinweis auf die gewaltige, noch zu leistende Arbeit, mir in der geschmackvollen Berliner Bildersprache vorhielte: ach was, die Novelle ist ja nur erst „ein armer Waisenknabe!“ — Indessen, ich würde doch aus voller Überzeugung mit dem schwäbischen Sänger hinzufügen: „Der Knab' will mich bedünken — als ob er Gutes brächt!“

Die bösen Feinde der Civilproceßordnung.

Es giebt Juristen im Deutschen Reiche, die nervös werden, sobald man von der jüngsten österreichischen Proceßgesetzgebung spricht, und dort an irgend einer Stelle besseres zu finden glaubt, als unser Gesetz uns bietet. Zuweilen klingt sogar aus den solcher Nervosität entspringenden schriftlichen oder mündlichen Äußerungen ein Vorwurf heraus, als ob doch ein ganz klein wenig Hochverrath darin liege, daß man das österreichische Gesetz gegenüber dem unsrigen rühme.

Mir ist das nicht recht verständlich. Denn wenn schon ein Stückchen Hochverrath ausfindig gemacht werden soll, so läge es doch näher — „vor der eigenen Thür zu kehren". Wir sind doch selbst diejenigen gewesen, die nach Niederwerfung des Nachbars im Westen, alsbald bei ihm die Civilproceßanleihe machten. Und wir brachten auf diese Weise ins neu gegründete Deutsche Reich eben französisches Recht, während beim Hinweise auf das gegenwärtige österreichische Proceßrecht, verglichen mit unserem Gesetze, nicht „fremdes", sondern deutsches Recht in Frage kommt. Freilich, seit der neuen Reichsgründung hat das Wort „deutsch" eine Wandlung erfahren, „Deutsche" waren früher die Angehörigen des deutschen Volkes oder Volksstammes, heute sind es allein die Reichsangehörigen, die Zugehörigkeit zum Staatswesen allein entscheidet; alle die sonst sich der „deutschen Zunge" erfreuen, werden als Mischwesen gekennzeichnet, so die „Deutsch-Österreicher", „Deutsch-Amerikaner", Deutsch-Russen" u. A. —

Sind diese Wortbildungen auch nicht gerade ansprechend, so sind sie doch landläufig. Allein mit dem Begriffe „deutsches Recht" haben solche politische Unterscheidungen doch nichts zu thun! Unser geschichtliches „deutsches Recht" hat sich an politische Grenzen nicht gekehrt, es kann auch heute nicht in seiner Ausdehnung schlechthin beurtheilt werden nach dem farbigen Striche, der auf den geographischen Karten das „Deutsche Reich" umzieht. Historisch festgestellt dürfte aber sein, daß unser „deutsches Recht" nach Westen und Süden hin stets nur mäßige Widerstandskraft bewahrt hat, während es nach Osten und Norden nicht nur über allerlei fremdländisches, zum Theil fremdsprachiges Gebiet sich ausbreitete, sondern daselbst auch vielfach mit Zähigkeit sich rein und lebendig erhielt. Ich brauche nur an die Eroberungszüge des Sachsenspiegels zu erinnern, und, was insbesondere Österreich anlangt, daran, daß dort die sog. „Reception" auf dem Gebiete des Proceßrechts weit weniger energisch und gewaltsam sich vollzog, als bei uns. Schon hiernach erschiene es nicht so auffallend, wenn das heutige österreichische Proceßrecht in größerem Umfange deutschrechtliche Gedanken aufwiese, als unsere aus Frankreich entlehnte Civilproceßordnung; wenn also der österreichische Proceß von heute deutscher wäre als der unsrige. Und so steht es in der That nach meiner Überzeugung! Allerdings stützt sich diese Überzeugung auf die von unserer Proceßtheorie bisher nicht gebilligte Auffassung, daß alle Arbeit, die in den 400 Jahren seit der „Reception" bei uns zur Umgestaltung des romanischen Processes verwandt wurde, ebenfalls Arbeit deutschen Rechts, Folge deutscher Rechtsgedanken sei. — Von solchem Standpunkte aus scheint es mir nicht so gar verwunderlich, daß gelegentlich auch ein nichtreichsdeutsches, aber doch wahrlich auch deutsches Rechtsgebiet bei seiner Gesetzgebung einen glücklicheren Wurf thut, als wir unter der schwarz-weiß-rothen Flagge. Ist nicht größere Wahrscheinlichkeit für die Erlangung eines uns dienlichen Gesetzes geboten, wenn wir uns Österreich zum Vorbilde nehmen, als wenn wir, wie es doch geschehen ist, französisches Recht übernehmen, oder dasselbe als das allein brauchbare preisen, weil es unmittelbarsten Anschluß an das romanisch-italienische Proceßrecht aufweist?

Und noch ein anderer Grund kommt hinzu, der uns ein gutes Recht giebt, auf Verwerthung der fortgeschritteneren österreichischen Proceßordnung zur Verbesserung unseres Verfahrens. — Die Zeit, die das Entstehen unseres Gesetzes überhaupt nur zu erklären vermag, ist längst vorüber. Zwischen dem Inkrafttreten der reichsdeutschen und der österreichischen Proceßordnung liegen volle 20 Jahre. In unseren raschlebigen Tagen war es undenkbar, daß Österreich sich unserem umsoviel älteren Gesetze schlechthin hätte anschließen können. Allein das deutsche Gesetz hat, wenn auch ohne unsere Absicht, die österreichische Proceßordnung mit gezeitigt. An letzterem Gesetze haben wir im Deutschen Reiche tüchtig und nachhaltig mitgearbeitet, — das beweist ja auch eine ganze Reihe aus unserem Gesetze übernommener Paragraphen des jüngeren Gesetzes. Dazu kommt dieses: die unklaren, dem französischen Vorbilde entnommenen Reformgedanken, denen unter dem Drucke der politisch gährenden Zeit bei uns schließlich nachgegeben werden mußte, wenn anders dem neu erstandenen Reiche ein wichtiges Stück Rechtseinheit rasch geboten werden sollte, — jene Gedanken konnten objective Bewerthung erst erlangen nach nüchterner practischer Prüfung. Wir im Reiche haben Jahrzehnte hindurch in gewissenhafter täglicher Übung den aus Frankreich übernommenen Rechtsgang geprüft und —

die dem französischen Rechte nachgebildeten Bestimmungen haben sich im großen und ganzen bei uns nicht bewährt!

Österreich, das ursprünglich mit uns zusammen an den Vorarbeiten für die deutsche Proceßreform theilgenommen hatte, schied dann aus. In Österreich ist man von nun ab beobachtend, ohne selbst den gewaltsamen Schritt zu thun, der uns obgelegen hatte, unseren Erfahrungen gefolgt; man hat sie sorgfältig verwerthet, hat hinzugenommen, was die fortgeschrittene Zeit an neuen Gedanken unterdessen gebracht hatte, — und so erst konnte im Nachbarstaate das Gesetz entstehen, das ich unbedenklich für besser halte, als das unsrige.

Reichsdeutsche Praxis ist eben wohl die fruchtbarste Mitarbeiterin an der neuen österreichischen Proceßordnung gewesen! Mit diesen Worten soll und kann selbstverständlich das Verdienst des Mannes nicht geschmälert werden, dem Österreich dieses Gesetz verdankt. Franz Klein ist freilich Kind einer anderen Zeit; aber die unabhängige Kraft, den zuversichtlichen Muth, die zähe Energie, die er bei Conception, Ausführung und Durchsetzung dieser seiner eigensten Schöpfung bewiesen hat, — das alles sollten wir hier doch als eine stolze Leistung deutschen Geistes, deutscher Arbeit neidlos anerkennen!

Ich betone mit besonderer Freude das Deutsche dieser Leistung. Denn wenn ich recht urtheile, so ist Kleins Werk nicht das Ergebniß subtiler historischer Forschung, sondern eine Schöpfung glücklichster Intuition! Mir persönlich war es daher von hohem Interesse, daß ich beim Studium wesentlich der particularen deutschen Proceßgesetzgebung seit der Reception immer wieder auf die Keime, die Grundgedanken stieß, die — natürlich bei Ausschaltung unserer Reichscivilproceßordnung —

zum Aufbau des heutigen österreichischen Proceßrechts führen mußten.[63])

Steckt in dieser meiner Auffassung ein wahrer Kern, dann ist begreiflich, daß allen denjenigen bei uns, die für Aufrechterhaltung unseres Proceßgesetzes um jeden Preis eintreten, das nachbarliche, fortgeschrittenere, nationalere Gesetz als Feind sich darstellt. — Natürlich: denn bei der Schwierigkeit der Gesetzgebungsarbeit in unseren complicirten, modernen Lebensverhältnissen ist der Angriff gegen ein bestehendes Gesetz ernstlich gefahrdrohend erst dann, wenn zugleich auch ein einleuchtender, auf practische Erfahrung gestützter Abänderungsvorschlag gemacht werden kann. Und das ist heute eben leicht gethan, indem man — Verbesserungen bleiben natürlich vorbehalten! — auf das am 1. August 1895 erlassene, seit dem 1. Januar 1898 in Kraft stehende österreichische Gesetz als allgemeines Vorbild hinweist.

Also gewiß, das nachbarliche Proceßgesetz ist ein beachtenswerther Feind, der von außen her unserem Gesetze droht. Aber das ist weder der einzige, noch auch der gefährlichste Feind. Viel gefährlicher sind allerlei kleinere, gewöhnlich nicht genügend gewürdigte Feinde innerhalb des Deutschen Reichs, Feinde die in bescheidener Maulwurfsarbeit den Boden lockern und abgraben, in den man die monumentalen Pfeiler unserer Civilproceßordnung sicher gebettet zu haben glaubte.

Ich muß sie aufzählen, diese Feinde!

Voran schreitet das preußische Gesetz über die allgemeine Landesverwaltung vom 30. Juli 1883. Noch nicht 4 Jahre waren seit dem Inkrafttreten der Reichscivilproceßordnung verflossen, und bei Regelung des Verwaltungsstreitverfahrens wandte man sich in Preußen bereits sehr energisch ab von den so gepriesenen Grundsätzen des neuen bürgerlichen Processes, den zum Vorbilde zu nehmen doch wohl nahe gelegen hätte. Wort und Schrift sind als Urtheilsgrundlagen gleichberechtigt; das Mündlichkeitsprincip ist also aufgegeben; doch jede Partei hat ein Recht, Anberaumung mündlicher Verhandlung zu verlangen. Aufgegeben ist auch der Anwaltzwang, schlechthin für alle Instanzen; die Parteien können selbständig auftreten und sind, wenn sie sich vertreten lassen wollen, in der Wahl der von ihnen zu bestellenden Bevollmächtigten nicht beschränkt. Aufgegeben ist ferner das Versäumnißverfahren der Civilproceßordnung: zur mündlichen Verhandlung werden die Parteien unter der Verwarnung geladen, daß beim Ausbleiben nach Lage der Verhandlungen werde entschieden werden. Beim Ausbleiben einer Partei oder in Ermangelung einer Erklärung derselben können aber die von der Gegenpartei vorgebrachten Thatsachen für zugestanden erachtet werden. Auf die mündliche Verhandlung kann von den Parteien verzichtet werden. Die Officialbefugnisse des Gerichts sind, obgleich doch Collegialgerichte in Frage kommen, insofern gesteigert, als der § 136 (erschöpfende Erörterung des Sachverhalts) und der § 503 der Civilproceßordnung (A.G., sachdienliche Anträge) für das Verwaltungsstreitverfahren zusammengezogen sind. Dazu kommt die Befugniß des Gerichts, auch vor Anberaumung der mündlichen Verhandlung Untersuchungen an Ort und Stelle, desgleichen Beweiserhebungen zu veranlassen.

Die mündliche Verhandlung erfolgt unter Zuziehung eines vereidigten Protokollführers, das Protokoll muß die wesentlichen Hergänge der Verhandlung enthalten.[64])

So das Gesetz von 1883. Ich beschränke mich auf die Frage, ob in der That alle diese tiefgreifenden Abweichungen vom neuen bürgerlichen Processe sich genügend begründen lassen mit dem Hinweise darauf, daß hier ja ein Verwaltungsstreitverfahren geregelt worden sei?

Freilich handelt es sich um ein Particulargesetz, das aber als Vorbild gedient hat für spätere Reichsgesetze. In Betracht kommen namentlich die Kaiserlichen Verordnungen vom 22. November 1900 über das Verfahren vor den Schiedsgerichten für Arbeiterversicherung und vom 19. October 1900 über den Geschäftsgang und das Verfahren des Reichsversicherungsamts (II. Geschäftsgang und Verfahren bei den Senaten). Die Einzelbestimmungen sind vielfach wörtlich dem preußischen Gesetze entnommen, die zur Geltung gebrachten Grundsätze sind überall die gleichen: schriftliche und mündliche Erklärungen sind gleichwerthig, Anwaltzwang besteht auch für die oberste Instanz nicht, das Protokoll muß enthalten u. a. auch die von Schriftsätzen abweichenden Erklärungen der Betheiligten. Die Betheiligten werden regelmäßig mittels eingeschriebenen Briefes vom Termin für die mündliche Verhandlung in Kenntniß gesetzt, mit dem Bemerken, daß im Falle ihres Ausbleibens nach Lage der Acte werde entschieden werden u. s. w.

Von diesen beiden Verordnungen läßt sich nun freilich sagen, daß sie ein Theil unserer speciell so bezeichneten „Socialgesetzgebung" seien. Ich komme darauf zurück. Das Eine aber wird sich wohl nicht bestreiten lassen, daß das Verfahren, wie es in den angeführten drei Gesetzen geordnet ist, seiner Grundlage nach allen Anforderungen entspricht, die an einen freien, anschaulichen, für jedermann verständlichen Rechtsgang gestellt werden können. Denn auch hier liegt Rechtsgang vor.

Viel bedeutsamer noch aber ist das schon 10 Jahre vor den soeben erwähnten Verordnungen erlassene Reichsgesetz über die Gewerbegerichte vom 29. Juli 1890, das, kurz gesagt, dieselben Grundsätze, die für das Verwaltungsstreitverfahren, wie jetzt für das Schiedsgerichtsverfahren in Arbeiterversicherungssachen gelten, zur Durchführung brachte. Und die Gewerbegerichte haben in mehr als 10jähriger Thätigkeit sich doch wohl bewährt; das beweist ja auch ihre durch das Reichsgesetz vom 30. Juni/29. September 1901 erzwungene Vermehrung. Die Gewerbegerichte aber sind zuständig in Streitigkeiten, die normal den ordentlichen, allgemeinen Gerichten zuzuweisen sind und durch das Gerichtsverfassungsgesetz (§ 23) auch den Amtsgerichten zugewiesen waren. Ich halte es deshalb auch für richtig, daß das Gesetz von 1890 von den Entscheidungen der Gewerbegerichte nicht etwa (nach dem Beispiel der Gemeindegerichte, § 14 Z. 3 G.V.G.) die Provokation auf den „Rechtsweg" darbot, sondern die Berufung an die Landgerichte zuließ. Nach dieser Richtung sind die Gewerbegerichte den Amtsgerichten gleichgestellt, sie sind, wenn auch formell mit gewissen Einschränkungen, — dem Organismus unseres „ordentlichen" Gerichtswesens eingegliedert worden!

Das Verfahren vor den Gewerbegerichten ist bekannt, ich fasse die Abweichungen von den Grundsätzen der Civilproceßordnung kurz zusammen: der Parteibetrieb ist beseitigt, zur Anwendung kommt die „vereinfachte Zustellung"; Versäumnißverfahren tritt nur ein, wenn eine der Parteien im ersten Verhandlungstermine ausgeblieben ist, „erscheinen in einem zur Fortsetzung der Verhandlungen bestimmten Termine die Parteien oder eine derselben nicht, so ist das Urtheil unter Berücksichtigung der bisherigen Verhandlungen, insbesondere einer etwaigen Beweisaufnahme zu erlassen". Über die mündliche Verhandlung ist ein Protokoll aufzunehmen; allgemeine Angabe des Ganges der Verhandlungen genügt also nicht. Im ersten (Klage=)Termin hat der Vorsitzende die beschränkte Befugniß, ohne Beisitzer zu verhandeln, bezw. zu entscheiden. Weit hinaus über die vorher erwähnten Gesetze geht aber dieses Gesetz mit der Bestimmung: „Rechtsanwälte und Personen, welche das Verhandeln vor Gericht geschäftsmäßig betreiben, werden als Proceßbevollmächtigte oder Beistände vor dem Gewerbegerichte nicht zugelassen". Im übrigen kommt das amtsgerichtliche Verfahren zur Anwendung. Das „Mündlichkeitsprincip" der Civilproceßordnung ist beibehalten.

Zu richtiger Würdigung der obigen Sondergesetzgebung im Rechtsgange wäre folgendes zu erwägen:

Beim Aufbau unserer Civilproceßordnung sind nach meinem Dafürhalten in zwiefacher Weise schwerwiegende Fehler begangen worden. Einmal hat man aus Frankreich Einrichtungen übernommen, die sich für uns überhaupt nicht, mindestens nicht in dem ihnen bei uns gewährten Umfange eignen, ich meine den Proceßbetrieb durch die Parteien und den Anwaltzwang. Beide Einrichtungen sind von jenen Sondergesetzen abgelehnt, in einer Beziehung sogar schroff — meiner Meinung nach *zu* schroff — durch das Gegentheil ersetzt worden.

Sodann hat man aus Frankreich übernommene Einrichtungen, die in der dortigen Gestaltung vielleicht noch erträglich gewesen wären, durch theoretische Übertreibungen in unserem Gesetze verdorben. So ists geschehen mit dem „Mündlichkeitsprincip", das Frankreich nie gekannt hat und auch heute nicht kennt. Und mit unserem Mündlichkeitsprincip hängt zusammen unser nicht zu rechtfertigendes, neu „erfundenes“ Versäumnißverfahren. Ähnlich ists ergangen der „französischen“ vorläufigen Vollstreckbarkeit. — Was den zuletzt bezeichneten Fehler anlangt, so ist seine Beseitigung, oder doch Milderung, energisch angebahnt worden durch die Novelle von 1898 (vgl. oben S. 97). Das „Mündlichkeitsprincip“ in seiner schlimmsten Folgewirkung, dem Versäumnißverfahren, ist von allen obigen Sondergesetzgebungen abgelehnt worden; überall ist zugleich das von der Civilproceßordnung (bis zur Novelle sogar für das amtsgerichtliche Verfahren) verpönte vollständige Protokoll wieder eingeführt worden. Für das Verwaltungsstreitverfahren und für den Rechtsgang in Arbeiterversicherungssachen ist sogar die schriftliche Erklärung der Partei gleichberechtigt neben die mündliche gestellt worden. Diesen letzten Schritt hat das Gewerbegerichtsgesetz nicht gethan; doch das erscheint unbedenklich bei vorhandenem ausreichendem Protokoll und bei Ablehnung des Versäumnißverfahrens. Formell hat freilich nach § 24 des Gewerbegerichtsgesetzes und nach § 495 der Civilproceßordnung der § 137 unseres Proceßgesetzes heute Geltung, wie für das amtsgerichtliche, so auch für das gewerbegerichtliche Verfahren. Aber es hat ja noch gute Weile, bis unsere biederen Landleute und städtischen Arbeiter alle im Stande sind: „Vorträge — in freier Rede zu halten“, die „das Streitverhältniß in thatsächlicher und rechtlicher Beziehung — umfassen“. Und mit dem Verbot der „Bezugnahme auf Schriftstücke statt mündlicher Verhandlung“ ists wohl auch nicht so schlimm: kein Amtsrichter, kein Gewerbegerichtsvorsitzender wird eine stotternde, oder rednerisch nicht günstig veranlagte Partei, die ihm ein Schriftstück übergiebt, hinausweisen; er wird, vom durchgelesenen Schriftstück ausgehend, Fragen stellen und auf Grund des „in freier Rede" gesprochenen „Ja" oder „Nein" der Partei deren Meinung und Wünsche schon zu ermitteln wissen.

Alle diese Sonderproceßgesetze sind erlassen worden zu einer Zeit, da man längst ein Urtheil haben mußte über „den deutschen Civilproceß in practischer Bethätigung". Alle haben gerade die „Principien", auf denen folgerecht unsere Civilproceßordnung sich aufbaut, geflissentlich bei Seite gelassen, um nüchtern und unbefangen Bestimmungen zu geben, wie sie das Bedürfniß des Lebens erheischt, und wie sie vor der Erschaffung der Civilproceßordnung als selbstverständlich galten, — so nach gemeinem Proceßrechte, als nach wohl allen deutschen particularen Proceßordnungen!

Dürfte nicht damit über unsere theoretisirende gesetzgeberische Leistung von 1876 ein Urtheil gesprochen sein? Niemand, dem die Verbesserung unseres Gerichtswesens am Herzen liegt, kann vor dieser Thatsache die Augen verschließen! Das Urtheil lautet abfällig genug, es wiegt um so schwerer, als es aus der Lebenserfahrung heraus gefällt ist und zwar von uns selbst im Deutschen Reiche, durch unsere eigene spätere Gesetzgebung.[65])

Im eigenen Lager also — nicht jenseit unserer Ostgrenze — hat die Civilproceßordnung ihre schlimmeren Gegner zu suchen, Gegner, die wahrlich nicht unterschätzt werden dürfen: hat sich doch jene unsere spätere Sonderproceßgesetzgebung bewährt, und zwar weit besser bewährt, als die Civilproceßordnung selbst!

Ich kann leider diesen Abschnitt nicht schließen, ohne einen Rückschritt zu besprechen, den wir ganz neuerdings gethan haben mit der zum Gewerbegerichtsgesetz erlassenen Novelle vom 30. Juni 1901.

Das Versäumnißverfahren, wie es im Gewerbegerichtsgesetze vom Jahre 1890 geregelt war, ist beseitigt worden. An die Stelle hat man gesetzt das Versäumnißverfahren der Civilproceßordnung, jene in aller Proceßgesetzgebung bis dahin unbekannte Einrichtung, die ich nur bezeichnen kann als eine unerhört rücksichtslose theoretische Abstraction aus einem ebenfalls ausgeklügelten, bis dahin ebenfalls nirgend in der Welt bekannten — „Formdogma"! Weil nur das gesprochene Wort Urtheilsgrundlage sein darf, weil nur die letzte mündliche Verhandlung und ihr Wortinhalt entscheidet, weil also principiell bei mehrfachen Terminen in derselben Sache im späteren Termin alles wiederholt werden muß, was in den früheren Verhandlungen geschehen und gesagt worden ist, — aus alledem folgt, daß die im späteren Termine säumige beklagte Partei, auch wenn sie die gegnerischen Behauptungen bestritten, für sich vollen Beweis erbracht hat, sogar wenn Geständnisse des Gegners vorliegen, — — dennoch als der Klagethatsachen geständig (!) dem Klageantrage gemäß verurtheilt werden muß. Natürlich: die ausgebliebene Partei hat eben im letzten Termine vor dem Urtheil überhaupt nichts vorgebracht!

Man könnte sich begeistern für die Energie und Geschlossenheit dieser Gedankenreihe, wenn nur nicht der Ausgangspunkt, jenes Mündlichkeits-„Princip", so unglaublich verfehlt wäre.

Die Einrichtung ist geeignet, dem Rechtsgange alle Anschaulichkeit zu rauben, sie läßt sich höchstens ertragen im Anwaltsprocesse und hat in diesem namentlich den zweifelhaften Vortheil, daß der Anwalt nach Belieben in jedem Stadium der Verhandlung einen Stillstand von 6 und mehr Wochen herbeiführen kann,[66]) ohne daß der Gegner oder gar das Gericht in irgend einer Form einzuschreiten vermöchte. —

Das Mittel aber wiederum, das diese Einrichtung brauchbar machen soll, scheint mir vollends bedenklich: das richterliche Urtheil, das doch vorliegt, hat gar keine Bedeutung; mit zwei Zeilen, die dem Gegner rechtzeitig zugestellt werden, ohne jede Begründung, wirft die souveräne Partei das Urtheil durch den Einspruch bei Seite, — es existirt nicht mehr, das Gericht kann ja ein neues Urtheil fällen!

Für ein Verfahren, das persönliches Auftreten der Parteien voraussetzt, Rechtsanwälte überhaupt nicht zuläßt, kann das Versäumnißurtheil der Civilproceßordnung nur um den Preis einer Herabsetzung der Rechtspflege, einer Schädigung des richterlichen Ansehens Verwendung finden.

Zur Begründung der reformatio in pejus, die uns das Gesetz v. J. 1901 gebracht hat, ist, soweit mir bekannt, nur angeführt worden, daß das bis dahin in Geltung gewesene Versäumnißverfahren (Entscheidung nach Lage der Sache) sich mit dem Grundsatze der „Mündlichkeit" nicht vereinigen lasse. — Aber dieser „Grundsatz" war doch schon drei Jahre vorher nicht mehr ernstlich vertheidigt worden?! (vgl. oben S. 53).

§ 41 des Gewerbegerichtsgesetzes vom Jahre 1890 lautete:

„Erscheinen in einem zur Fortsetzung der Verhandlung bestimmten Termine die Parteien oder eine derselben nicht, so ist das Urtheil unter Berücksichtigung der bisherigen Verhandlungen, insbesondere einer etwaigen Beweisaufnahme, zu erlassen. Das Gericht kann jedoch, sofern wegen eines neuen Vorbringens der erschienenen Partei oder aus einem anderen Grunde eine weitere Verhandlung angezeigt erscheint, zunächst die Anberaumung eines neuen Termins, sowie eine etwa erforderliche Beweisaufnahme beschließen. Erscheinen beide Parteien nicht, so kann das Gericht die Sache für ruhend erklären." Bleibt im neuen Termine eine Partei aus, so ist die Entscheidung wesentlich dem freien Ermessen des Gerichts überlassen.[67])

Vielleicht konnte gegen diese Bestimmungen, soweit sie eine Entscheidung a tergo beider Parteien zulassen, für den Gewerbegerichtsproceß ein Bedenken erhoben werden. Dann hätte es eben genügt, die entsprechenden Wendungen zu streichen, und statt derselben den Abs. 3 des heutigen § 39 hinzuzufügen: „Bleiben beide Parteien aus, so ruht das Verfahren, bis die Ansetzung eines neuen Verhandlungstermins beantragt wird.“ Aber nimmermehr hätten beseitigt werden sollen das Recht und die Pflicht des Gewerbegerichts, bei Versäumniß in einem späteren Processtadium: „unter Berücksichtigung der bisherigen Verhandlung, insbesondere einer etwaigen Beweisaufnahme“ zu entscheiden!

Und, beiläufig bemerkt, wie wunderlich nimmt es sich nach dieser neuesten Gesetzgebung aus, daß die Gewerbegerichte zuständig sind für „Streitigkeiten über die Berechnung und Anrechnung der von den Arbeitern zu leistenden Krankenversicherungsbeiträge und Eintrittsgelder“ nach Maßgabe des Krankenversicherungsgesetzes! Für Streitigkeiten in Unfall- und Invalidenversicherungssachen gilt der richtige Satz, daß im späteren Versäumnißfalle das Gericht nach Lage der Acten zu entscheiden habe; — was hat die Krankenversicherung verbrochen, daß man ihr das unhaltbare Versäumnißverfahren unseres Civilprocesses aufzuzwingen für gut befand?

Aber freilich, so dürftig die Begründung der höchst bedauerlichen Gesetzesänderung auch klingt, — es steckt doch ein wahrer Kern in jenem Hinweise auf das „Mündlichkeitsprincip“. Das Gewerbegerichtsgesetz ist, auch der Fassung nach, immerhin ein Abkömmling der Civilproceßordnung; und wenn es auch die Mutter an Gesundheit und innerer Vernunft weit überragt, den Erbfehler, das „Mündlichkeitsprincip", hat es eben überkommen. Die anderen Sonderproceßgesetze sind ohne Anlehnung an das Vorbild von 1876/77 ausgearbeitet worden, man hat Schrift und Wort einander gleichgestellt. — Theoretisch hat es also etwas für sich, wenn man deducirt: ohne das Versäumnißverfahren der Civilproceßordnung bleibt das „Mündlichkeitsprincip" undurchführbar. Zuletzt liegt aber in solcher Vertheidigung eine petitio principii: unsere „reine Mündlichkeit" ist eben überhaupt nicht durchführbar. Weshalb dann noch die schlimmste Consequenz dieses „Grundsatzes" übernehmen.

Ich beklage also die Neuerung. Trotzdem gebe ich die besten Hoffnungen nicht auf: vielleicht glückt es hier in der That „den Teufel durch Beelzebub" auszutreiben! Nach meinem Dafürhalten muß das civilprocessuale Versäumnißurtheil sich schlimm bewähren bei den Gewerbegerichten. Dieser bisher gute Sonderproceß wird dadurch verunstaltet, verliert ein bedeutsames Stück seiner Einfachheit und Verständlichkeit.

Hat man erst diese unvermeidliche Erfahrung gemacht, so wirft wohl eine künftige Gewerbegerichtsnovelle — zugleich mit dem verschrobenen Versäumnißverfahren — auch das civilprocessuale Mündlichkeitsdogma ab. Und ist erst dieser herzhafte Entschluß zu Gunsten des Gewerbegerichtsverfahrens gefaßt, dann wird auch unser ordentlicher Civilproceß, zum mindesten der Amtsgerichtsproceß, davon Vortheil ziehen!

Einstweilen allerdings ist leider Geduld geboten.

Sociales. Ein Vorschlag „zur Güte“.

Für die Menschen stellt man Mortalitätstabellen auf. Dem Einzelnen wird danach vorgerechnet, er habe noch 3, höchstens noch 5 Jahre zu leben. Wem's mit der Gesundheit glückt, der hält sich vielleicht über die normale Lebensdauer hinaus aufrecht. Dann muß er sich aber den Hinweis gefallen lassen, daß vom Standpunkte der Statistik seine nunmehrige Fortexistenz völlig unberechtigt sei. — Das ist nicht freundlich, gewiß! Aber wenn man uns so behandelt, warum sollen wir rücksichtsvoller mit unseren Gesetzen umgehen?

Der größte deutsche Staat weist für die hinter uns liegenden 200 Jahre als Durchschnittslebensdauer eines Civilproceßgesetzes 42,5 Jahre auf. Zieht man auch den Vorläufer der Allgemeinen Gerichtsordnung, das corpus juris Fridericianum, und die Novelle von 1833 in die Berechnung hinein, so sinkt die Lebensdauerziffer auf 28,3 Jahre (die Novelle von 1898/1900 kann nicht als vollständiges Proceßgesetz mitzählen). Von diesen 28,3 Jahren hätte unsere Civilproceßordnung schon 23 Jahre abgelebt; blieben also höchstens noch 5,3 Jahre übrig, wenn nicht der statistische Mangel der Existenzberechtigung eintreten soll.[68])

Nicht übel!

Indessen dieses Zahlenergebniß ist unbrauchbar, weil noch viel zu aufmunternd für die ungebrochene Lebenslust der Proceßgesetzgebung von 1876/77. In einem gesunden Staatswesen berechnet sich das berechtigte Weiterbestehen eines Gesetzes nicht nach statistischen Ziffern. Entscheidend ist einzig und allein, ob die Ziele, die der Gesetzgeber der Vergangenheit sich steckte, ob die Gedanken, die sein Werk durchführen sollte, auch die Gegenwart befriedigen; ob sie geeignet sind, wenigstens der nächsten Zukunft noch einigermaßen zu genügen?

Ich vermag auf Fragen dieser Art nur mit einem überzeugten „Nein“ zu antworten. Dabei lasse ich bei Seite alle Bedenken, die der theoretisirende Charakter des Gesetzes herausfordert, ich berücksichtige nicht den lebensfremden Principiencultus der damaligen Gesetzgeber, ich will nicht auf Einzelheiten zurückgreifen, die sich practisch nicht bewährt haben, weil sie sich eben nicht bewähren konnten. Nur das Eine kommt hier in Betracht: die Zeit, die uns unser heutiges Gesetz gab, wußte nichts, aber auch garnichts von den Anforderungen, die in unseren Tagen an ein Proceßgesetz gestellt werden und gestellt werden müssen. Jener Zeit Gedanken, die in der Civilproceßordnung niedergelegt sind, dürfen garnicht mehr unserer Zeit Gedanken sein!

Nichts ungünstiger für ein Gesetz, als wenn es zu Stande kommt zu einer Zeit, die sich noch pietätvoll nährt an Ideen der Vergangenheit und deshalb kein Auge dafür haben kann, daß eine ganz andere, neue Zeit vor der Thür steht, mit bis dahin unbekannten, neuen Anschauungen und Anforderungen. Einer solchen Übergangszeit fehlt eben der „Beruf zur Gesetzgebung“.

Der schroffe Gegensatz aber, der sich ergiebt, wenn man das erste Jahrzehnt nach dem großen Kriege des vorigen Jahrhunderts mit unseren Tagen vergleicht, ist dieser:

Damals lebten sich die Gedanken von 1848 bei uns aus: jene Freiheitsbewegung, fußend auf rückwärts begründetem Mißtrauen gegen unsere Regierungen, und liebäugelnd zugleich mit dem äußerlich freiheitlichen Vorbilde der französischen Einrichtungen. Und dazu die herrliche nationale Einheitsbewegung. Diese letztere, gerichtet hier auf nationale Rechtseinheit, trug tiefste Begründung, zumal auf dem Gebiete des Processes, in sich. War sie ja doch der ideale Gedanke, der unseren Processualisten in der Zeit seit der Reception vorschwebte, wenn dieselben halb unwillig, halb hochmüthig über die deutsche Partikular = Proceßgesetzgebung hinwegsahen, um ein nicht mehr vorhandenes einheitliches „gemeines deutsches" Proceßrecht construiren und lehren zu können.

Wir mußten damals ein einheitliches Civilproceßgesetz erlangen, als die vielleicht wichtigste Kraft zum Zusammenschmieden der disparaten Menge unserer deutschen practischen Juristen. Damit allein ist die innere Berechtigung der Civilproceßordnung, mag man sie heute beurtheilen, wie man wolle, — ausreichend gegeben: es handelte sich um ein unentbehrliches Einigungsgesetz.

Das Unglück aber war eben, daß die unentbehrliche Einigung auf diesem Gebiete damals, trotz besten Willens, in der That garnicht anders zu erreichen war, als bei gleichzeitiger Verwirklichung jenes fortan verfehlten französischen Freiheitsvorbildes. Für die Civilproceßordnung setzte sich diese freiheitlich-mißtrauische Strömung mit innerer Folgerichtigkeit um in das „laisser faire": das Interesse des Staats an Art und Charakter der Rechtspflege wird bei Seite gelassen, die Partei und, da nicht jede Partei Jurist ist, der ihr aufgezwungene Anwalt werden fast souverän hingestellt.

Unsere Civilproceßordnung ist ein echtes, rechtes Gesetz des „Manchesterthums". Nur geringe Lebenskraft konnte ihr innewohnen, denn schier als letzte That des einheimischen „Manchesterthums" kam sie zu Stande: als jenes Uebergangsjahrzehnt abgelaufen war, zwei Jahre nach dem Inkrafttreten des neuen Processes, erging die Kaiserliche Botschaft vom 17. November 1881, die, gestützt auf die für nun und immer fest begründete Einheit des deutschen Staatswesens, den gesunden Wandel der treibenden Gesetzgebungsgedanken inaugurirte.

Sociale Umgestaltung unserer Staats- und Rechtseinrichtungen, sociale Regelung und damit Gesundung unseres Volkslebens, das wurde von nun ab in immer steigendem Maße das Losungswort für unsere Gesetzgebung auf allen Gebieten, und das wird nach menschlichem Ermessen noch auf lange Zukunft hinaus unser Losungswort bleiben.

Unsere Civilproceßordnung von 1877 aber — es konnte nicht anders sein! — ist ein durch und durch unsociales Gesetz, und weil sie es ist, deshalb müssen heute ihre Tage gezählt sein, wenn anders wir nicht den großen Zielen wieder untreu werden wollen, die unser Reich mit stolzem Selbstbewußtsein sich gesteckt hat. — Hier, im innersten Wesen des Gesetzes selbst, ist dessen gewaltigster Feind zu suchen, über den zu siegen es keine Hoffnung giebt, weil eben dieser Feind unseres Gesetzes uns selbst im Reiche beherrscht, — oder doch beherrschen sollte!

Mit Vorstehendem habe ich in Kürze wiederholt, was ich bereits vor bald 4 Jahren drucken ließ. Statt mich zu widerlegen, hat man sich gelegentlich damit begnügt, das „social" und „unsocial" in meinen Erörterungen durch anscheinend vorwurfsvolle Anführungszeichen zu erledigen. Darüber zu streiten empfiehlt sich nicht.

Man muß den Gang der Dinge in Ruhe abwarten. Und daß ich freudiger und zuversichtlicher warten und hoffen kann, seitdem ich mich in die Verhandlungen über die Novelle von 1898 vertieft habe, das ist bereits auf den vorhergehenden

Seiten dargelegt worden. — Jenseit unserer Ostgrenze sind mittlerweile „die socialen Aufgaben der Civilproceßgesetzgebung“ zu einem viel erörterten, allgemeines Interesse in Anspruch nehmenden Thema geworden. Daß man bei uns noch lange darüber werde hinwegsehen können, möchte ich bezweifeln: — es „wächst aus den Impulsen des Gegenwartslebens selbst die Überzeugung hervor, daß der Proceß eine unentbehrliche staatliche Wohlfahrtseinrichtung ist, daß alle Einzelnen und die Gesammtheit daran interessirt sind, wie der Rechtsgenuß, diese Bedingung für die Wohlfahrt eines Jeden, mit Erfolg vertheidigt und behauptet werden könne“ (Franz Klein[60]).

Alle Einzelnen und die Gesammtheit sind am „wie“ des bürgerlichen Processes interessirt! — Neu mag hierbei nur die Formulirung sein, nicht der Gedanke. In dieser Form giebt aber der Gedanke die Grundzüge für die Lösung des in Frage kommenden „socialen Problems“.

Das Interesse der Gesammtheit und jedes Einzelnen am „wie“ des Processes ist keineswegs dasselbe, beide Interessen coincidiren aber insofern, als volle Berücksichtigung des Einzelinteresse auch erst das Interesse der Gesammtheit deckt.

Das Interesse der Gesammtheit, des Staates, hängt niemals an der einzelnen Prozeßsache. Für den Staat kommt es darauf an, die „Wohlfahrtseinrichtung“ des Processes so hergestellt zu sehen, daß sie jedermann, dem Geringen wie dem Hochgestellten, dem Armen wie dem Reichen, als Wohlfahrtseinrichtung erkennbar und faßlich vor die Augen tritt. — Nur wenn die Wohlfahrtseinrichtung als solche gefühlt und begriffen werden muß, nur dann befriedigt sie unmittelbar das staatliche Interesse, das in der justitia mit Recht stets ein fundamentum regnorum erblickt hat. — Die vom Staate gewährte justitia erzeugt das Vertrauen auf den Staat, und dieses, nur dieses giebt dann den sicheren Unterbau, dessen der Staat bedarf und den er bei Regelung des Gerichtswesens sich schaffen will.

Und weiter: bei der Verschiedenheit der Staatsangehörigen nach Bildung, Stellung, Vermögen kann Gerechtigkeitspflege, wenn sie allen Einzelnen wahrhaft gleich geboten werden soll, nicht durchweg in die gleichen Formen gekleidet werden. Es ist selbstverständlich, daß die Differencirung der Proceßeinrichtungen nur in großen Zügen erfolgen kann. Mag es bleiben bei der Scheidung in die beiden Proceßarten für Sachen im Streitwerthe von mehr als 300 Mark und für geringerwerthige Sachen. Aber dann ist gleiche Gerechtigkeitspflege für beide Kategorien nur gewährleistet, sofern die beiden Proceßarten verschieden gestaltet werden, entsprechend je dem Durchschnittsbedürfniß der betreffenden Rechtsuchenden. Wird alles über denselben Kamm geschoren, so muß nothwendig die eine Gruppe geschädigt werden. Dies übersehen zu haben, ist der verhängnißvollste Fehler unserer Civilproceßgesetzgebung von 1877: — man hat, nur mit der oberen Schicht der Processe rechnend, speciell für diese ein künstlich und fein erdachtes Gesetz gegeben, und danach für die untere Schicht, für das Verfahren vor den Amtsgerichten, in 16 ärmlichen Paragraphen einige Abweichungen von jenem normalen ordo judiciorum zugelassen. Fast wie ein Almosen nehmen sich die §§ 495 bis 510 im Ganzen des Gesetzbuchs aus!

Zu kurz gekommen ist bei diesem Vorgehen unserer Gesetzgebung ein Mal die große, numerisch weit überwiegende Gruppe der Processe geringeren Streitwerths; — zu kurz gekommen ist dabei aber auch die Gesammtheit, der Staat: das eine folgt aus dem anderen!

Vertrauen auf die staatliche Rechtspflege, Zutrauen zu den Gerichten, rechte Hochschätzung des Richteramts, das alles kann sich in der Bevölkerung nur entwickeln und festigen aus unmittelbarer Anschauung der Rechtspflege heraus.

Diese unentbehrlichen Stützen des Gerichtswesens, des fundamentum regnorum, an dessen Erlangung dem Staate, als solchen, bei Ordnung der Rechtspflege am meisten — vielleicht darf man sogar sagen allein — gelegen ist, dieses unermeßliche Gut kann dem Staate nur geboten werden von der Zahl derjenigen Rechtsuchenden, die persönlich mit dem Gegner vor ihrem Richter stehen. Denn nur sie können unmittelbaren Eindruck empfangen von der Tüchtigkeit, der Erfahrung, dem Geschick und zumal von dem guten Willen, dem Wohlwollen des Richters. Das Urtheil dieser Volkskreise entscheidet schließlich über die Autorität der Gerichte bei der Gesammtbevölkerung. Unter solchem Gesichtspunkte kann dann der Staat sagen: was ich der Geringsten einem gethan habe, das habe ich mir gethan! Und umgekehrt sind die Parteien im niederen Processe diejenigen, die von der auf sie Rücksicht nehmenden Rechtspflege am meisten empfangen: nicht nur das Urtheil, das den einen Streit erledigt kommt in Betracht, — „ein verständliches, der materiellen Wahrheit zustrebendes Verfahren", geleitet von einem pflichttreuen, seinem Berufe hingegebenen Richter, muß nothwendig „läuternden, erziehenden Einfluß auf die Rechtsbegriffe und das Rechtsbewußtsein der Bevölkerung" üben.[70]) — Das ist ja der Segen einer jeden wahrhaft socialen Maßnahme des Staates, daß durch sie die Interessen der einzelnen Bevölkerungsgruppe, wie des Staates selbst, wenn auch im Ausgangspunkte verschieden — zuletzt gleichmäßig befriedigt werden.

Die Summengrenze zwischen „höheren" und „geringeren" Streitsachen, wenn sie nur einigermaßen hoch gegriffen ist, führt — auch bei mangelndem Anwaltzwange — unfehlbar dazu, daß die obere Schicht der Processe mit verschwindenden Ausnahmen nicht von den Parteien selbst, sondern von ihren rechtsgelehrten Vertretern geführt wird. Bei uns ist das zu mehrerer Sicherheit noch durch den rigorosen Anwaltzwang gesetzlich festgelegt. Für die Partei selbst ist das Verfahren in Landgerichtssachen und aufwärts im vollen Sinne des Wortes ein „heimliches"; Richter und Rechtsanwälte, die „doctores" untereinander machen es ab. Der hier in Betracht kommende Theil der Bevölkerung gewinnt selbst überhaupt keine Anschauung von unserem Gerichtswesen, er empfängt mehr nicht als das Urtheil, das ja doch regelmäßig nur die obsiegende Partei befriedigt. Hier wird die Beurtheilung des Gerichtswesens nur geübt von den Anwälten, die als Mithandelnde und Mitinteressirte nicht völlig unbefangen sein können, und von der Presse, die — nun sagen wir: die nicht nothwendig immer ganz objektiv zu sein braucht! — Hier kann deshalb der Staat niemals in gleichem Umfange Gewinn für seine Gerichte, für seine eigene Autorität einheimsen, wie von einem gut geregelten amtsgerichtlichen Verfahren.

Doppelt verfehlt also von unserem heutigen Empfinden aus, daß die Civilproceßordnung sich im Grunde nur mit dem Anwaltsprocesse befaßt und den amtsgerichtlichen Proceß mit einigen kärglichen Brocken abspeist. — Es ist eben der Gegensatz von „manchesterlicher" und „socialer" Gesetzgebung!

Ich weiß, daß die vorstehenden Ausführungen nicht überall auf Einverständniß zu rechnen haben. Wer sich eingesponnen hat in den Gedanken, daß die Civilproceßordnung in ihren

Grundzügen ein nahezu vollkommenes Werk sei, der muß andere Ansichten hegen.

In seinem Aufsatze über die Novelle zur Civilproceßordnung hat Wach auch folgenden Satz drucken lassen: „Es ist widersinnig, für Quisquilien den Apparat von drei Instanzen zu schaffen. Daher in den amtsgerichtlichen Sachen überhaupt keine Revision".[71]) — Mag das auch nicht so schlimm gemeint sein, mag die geübte, rednerisch arbeitende Feder die Fassung verschuldet haben; — in dieser nachdrücklichen Betonung ist es doch ein hartes, ein unsociales Wort: durch das „Daher" werden die „amtsgerichtlichen Sachen" schlechthin zu „Quisquilien" gestempelt.

So liegen die Dinge nicht!

Im Jahre 1899 sind im Reiche insgesammt in erster Instanz anhängig geworden 1 750 123 „ordentliche Processe". Davon entfielen auf die Landgerichte 176 915; das giebt rund 10%. Etwas günstiger stellt sich das Verhältniß, wenn man die Wechsel- und anderen Urkundenprocesse mit in Berechnung zieht, von der Gesammtsumme von 1 906 537 anhängig gewordener Processe entfielen dann auf die Landgerichte 242 240, — das gäbe aber immerhin auch noch nicht 13%.[72])

Gestatten auch nur diese Zahlen, allein betrachtet, die Anwendung der wegwerfenden Bezeichnung „Quisquilien" auf die amtsgerichtlichen Processe in Höhe von 87—90% der Gesammtsumme?

Und von welchem Standpunkte aus wäre eine solche Classificirung überhaupt gerechtfertigt? Von dem des Staates, vom Standpunkte einer social gerichteten Gesetzgebung doch wahrlich nicht!

Multiplicirt man, um die Zahl der verschiedenen, an jenen Processen als Partei betheiligten Personen zu erlangen, die entsprechenden Ziffern mit 2 (auf die wenigen Bedauernswerthen, die jährlich 2—17 Processe zu führen haben, kommt es ja nicht an!), so entfallen auf die Amtsgerichtssachen 3 bis $3^1/_2$ Millionen, auf die Landgerichte nur 350000 bis 500000 Parteien!

Und nun erwäge man nach dem oben Gesagten noch, daß die 500000 landgerichtlichen Parteien, die ihre Richter garnicht zu Gesicht bekommen, für die günstige Beurtheilung unseres Gerichtswesens im Volke wenig verschlagen, daß mithin umsomehr nach dieser Richtung in den Vordergrund treten die persönlich ihre Sache führenden 2 bis $2^1/_2$ Millionen (ich streiche eine Million ab für die bei den Amtsgerichten durch Anwälte vertretenen) Parteien.

Ich glaube doch nach alledem aussprechen zu dürfen:

> eine deutsche Proceßgesetzgebung, die heutzutage ihre hohe Aufgabe segensreich erfüllen soll, hat zuerst und zumeist dafür Sorge zu tragen, daß das amtsgerichtliche Verfahren dem Bedürfnisse der dabei insbesondere interessirten Volkskreise entsprechend, selbständig gestaltet werde.[73])

Wie können wir am schnellsten zu diesem so erwünschten und so lange außer Acht gelassenen Ziele gelangen?

Ich habe bereits oben (S. 4) erklärt, daß ich den Erlaß einer zweiten Proceßnovelle für bedenklich halte, die Aufgabe wäre auch gesetzgeberisch nicht leicht lösbar: mit allerlei Einzelgesetzen ließe sich unsere Civilproceßordnung doch nicht zu einem befriedigenden, dauernd brauchbaren Gesetze umgestalten. Jede Vorarbeit für ein anders gegründetes Gesetz kann ja auch heute schon nur hochwillkommen sein; und deshalb wünsche ich, daß der bevorstehende Juristentag sein Votum mit Entschiedenheit gegen die Beibehaltung des Parteibetriebes, wenigstens im bisherigen Umfange, abgebe. Ich hoffe auch, daß das geschehen werde. — Doch bezweifele ich, daß die sofortige Einfügung entsprechender Bestimmungen in das Gesetz sich empfehlen würde.

Unabhängig von dem allen ist indessen die Frage, ob nicht alsbald der Erlaß einer selbständigen Proceßordnung für die Amtsgerichte zu erstreben sei. — Hier kommen nicht die gleichen oder auch nur ähnliche Bedenken in Betracht. Die Civilproceßordnung, das im Grunde nur für den Anwaltproceß erlassene Gesetz, würde durch Streichung des zweiten Abschnitts im zweiten Buche und der wenigen sonstigen Sondervorschriften für das amtsgerichtliche Verfahren an ihrer Geschlossenheit nichts einbüßen, sie hätte ja eher noch den Vortheil, nun in ihrer ganzen fleckenlosen „Principienreinheit" dazustehen! — Es kommt aber noch eine andere Erwägung in Betracht. Fundamentale Änderung eines Proceßgesetzes kann nicht vollzogen werden, ohne daß die gewaltige Zahl aller derjenigen, die berufsmäßig mit dem Gerichtswesen zu thun haben, sich — mit Unrecht oder mit Recht — in ihrem persönlichen Interesse beeinträchtigt fühlt. Schon der Gedanke, die bisherige Gewohnheit aufgeben und neue, zunächst gewiß unbequeme Pfade wandeln zu müssen, wirkt abschreckend: „Fanatiker der Ruhe" ist bis zu einem gewissen Grade jeder, der sich Jahre hindurch seine Berufsarbeit gleichmäßig hat zurechtlegen müssen. Und nun gar die Frage der Beseitigung, oder doch Einschränkung des Anwaltzwanges, die gewiß auftauchen wird, wenn man sich entschließt, die „Grundlagen" unserer Civilproceßordnung auf ihre Haltbarkeit zu prüfen! Hier ist nicht ausgeschlossen, das der ganze große und einflußreiche Anwaltstand in jeder Abweichung von den jetzigen

Bestimmungen einen Angriff gegen den Stand selbst erblickt und jeder Reform entgegentritt. Aus dem bereits oben (S. 117, 118) Ausgeführten geht hervor, daß ich eine solche Stellungnahme des Anwaltstandes für unbegründet und verfehlt halten würde; — trotzdem wird damit gerechnet werden müssen! Aber für die Neuregelung des amtsgerichtlichen Verfahrens gilt dieses Bedenken nicht. Für dieses Verfahren gilt ja auch heute kein Anwaltzwang und wer sich heute beim Amtsgericht durch einen Anwalt vertreten läßt, der könnte das auch künftig ebenso thun.

Ich meine also, daß dem Erlaß eines besonderen Gesetzes über den bürgerlichen Proceß in Amtsgerichtssachen schon heute nichts im Wege steht. Und auch an diesem Punkte bin ich in der Lage, mich auf die Verhandlungen über die Novelle zu berufen, in denen wiederholt ausgesprochen wurde: „Bei einer späteren Revision der Civilproceßordnung empfehle es sich, den amtsgerichtlichen Proceß nicht mehr als Modification des landgerichtlichen zu behandeln, sondern selbständig zu gestalten". (274, 347.)

Ich selbst gehe noch weiter: mir ist der feste Unterbau des Gerichtswesens nur gegeben in demjenigen Verfahren, das für die „kleinen Sachen" und die „kleinen Leute" in unserem Volke zur Anwendung kommt. Hier kann nur volksthümlicher, nationaler, socialer Proceß befriedigen; und ein derart gestalteter niedergerichtlicher Proceß, der mag dann befruchtend wirken auch auf das obergerichtliche Verfahren, vermag dasselbe zu reinigen von Auswüchsen, die es „wie eine ewige Krankheit" mit sich schleppt aus fremden Ländern her und aus fernen Zeiten, die mit unserem heutigen Leben nichts mehr zu thun haben. — Die deutsche Proceßgeschichte lehrt uns auch, daß die bedeutendsten Proceßordnungen neuerer Zeit erwachsen sind aus einem sachgemäß geordneten untergerichtlichen Verfahren. So kann als Wurzel der preußischen Allgemeinen Gerichtsordnung in gewissem Sinne gelten das von Samuel von Cocceji ausgearbeitete Edict von 1739 über das Verfahren in Bagatellsachen. Und als die Allgemeine Gerichtsordnung nicht mehr genügte, bgann die preußische Reformgesetzgebung wieder mit der Verordnung von 1833 über den Mandats-, summarischen und den Bagatellproceß. Die tüchtige würtembergische Gesetzgebung des 19. Jahrhunderts nahm ihren Anfang mit dem Edict von 1818 über „die Rechtspflege in den unteren Instanzen"; erst danach wurde die Reorganisation des Rechtsganges bei den Obergerichten in Angriff genommen. Die gleiche Erscheinung bietet sich dar auch in Österreich.

Was berechtigt uns, über solche geschichtliche Lehren hinwegzusehen? Und wenn wir zu einem gerade uns befriedigenden, also zu einem nationalen Proceßrechte gelangen wollen, — gilt nicht auch hier der allgemeine Satz, daß die Erneuerung des Volkslebens sich immer nur vollzieht im Aufwärtssteigen von unten her?

Also nochmals: die erste Aufgabe, die eine reformirende deutsche Proceßgesetzgebung zu lösen hat, ist die selbständige Neugestaltung unseres amtsgerichtlichen Verfahrens. Hiermit dürfte es denn aber doch wohl Eile haben!

Und die Lösung ist nicht so schwierig, — nicht annähernd so schwierig, wie die Umarbeitung unserer Gesetzesbestimmungen über den Anwaltsproceß! In der Hauptsache würde es sich ja doch handeln um den „Rechtsgang" im engeren Sinne, zumal um die Stellung von Richter und Partei zueinander.

Von den „Principien" der Civilproceßordnung wäre allerdings kaum etwas brauchbar. Die „reine Mündlichkeit" müßte fallen; doch diesen Fall hat ja schon die Novelle von 1898 geschickt vorbereitet mit Durchsetzung des, wenn auch zum Theil nur facultativen Protokolls. Das Versäumnißurtheil des § 332 läßt sich natürlich nicht aufrechterhalten. Der Amtsgerichtsproceß soll dem Volke verständlich sein, und der ehrliche Verstand unseres deutschen Bauern wird — so hoffe ich wenigstens — niemals begreifen, daß trotz behaupteter und bewiesener Rückzahlung die Schuld als zugestanden gelten müsse, weil der Beklagte erst 5 Minuten nachdem sein letzter Zeuge die erfolgte Rückzahlung beschworen hatte, bei Gericht erschienen sei. Und vollends irre würde der einfache Mann werden, wenn man ihn dann beruhigen wollte mit der Bemerkung: dieses Urtheil sei unschädlich, er selbst brauche nur zu verlangen, daß der Richter ein anderes mache; dem müsse der Richter dann Folge leisten!

Daß der „Proceßbetrieb durch die Parteien" sich für das amtsgerichtliche Verfahren nicht eignet, bedarf keines Nachweises.[74])

Und das „Verhandlungsprincip", das „Dispositionsprincip"? Soll in der That im Deutschen Reiche, sei es auch nur für die Amtsgerichte, ein Proceß bestehen, der von diesen vielumstrittenen „Maximen" oder „Principien" völlig absieht? Nun, solche Gleichgiltigkeit gegen die „Lehre" darf an dieser Stelle nicht Wunder nehmen; hat sich denn etwa die „Lehre" seit der Reception jemals eindringend mit dem für die unterste Schicht der Processe allein tauglichen Verfahren befaßt? Hier haben eben allein die Praxis und die ihr folgende Gesetzgebung geleistet, was geleistet werden mußte.

Sei es erlaubt, einige leitende Sätze zu formuliren:

1. Wenn eine Partei ohne Anwalt erscheint, so muß deshalb die Verhandlung nicht ausgesetzt, sondern die Darstellung

der Partei entgegengenommen und protokollirt, und die Sache von Amtswegen instruirt werden.

2. Der Richter muß die Parteien mit Sorgfalt, Aufmerksamkeit und Geduld über ihre gegenseitigen Angaben vernehmen; sie auf die Unwahrscheinlichkeit, die Lücken und das Unzusammenhängende, das sich in ihren Angaben etwa findet, aufmerksam machen.

3. Der Richter ist überhaupt für den unzweifelhaften Zweck jeder Partei von Amtswegen thätig, und darf für denselben auch ohne besonderes Begehren die Mittel benutzen, deren Anwendung diese Partei selbst im Wege der Verhandlung vom Richter zu begehren berechtigt gewesen wäre. Besonders ist das Erkenntniß des Richters durch bestimmte Anträge der Parteien nicht bedingt. Vielmehr hat das Gericht einer Partei alles das, was ihr nach dem Resultate der Verhandlung rechtlich gebührt, zuzuerkennen, wenn auch nur im Allgemeinen darum gebeten worden ist. Ebenso darf der Richter die Einreden des Beklagten, welche aus den in den Acten liegenden Thatsachen sich ergeben, von Amtswegen ergänzen.

4. Der Richter hat Parteien, welche rechtsunkundig und nicht durch Advocaten vertreten sind, erforderlichenfalls die zur Vornahme ihrer Proceßhandlungen nöthige Anleitung zu geben und dieselben über die mit ihren Handlungen oder Unterlassungen verbundenen Rechtsfolgen zu belehren. — Wenn die Klage einer Ergänzung bedarf, oder wenn sich gegen die Einleitung des Verfahrens Bedenken ergeben, so hat der Richter dem Kläger, wenn derselbe nicht durch einen Advocaten vertreten ist, — zu den entsprechenden Vervollständigungen oder Richtigstellungen die nöthige Anleitung zu geben. Ebenso ist, wenn die Klage offenbar unbegründet erscheint, dem Kläger mündlich eine angemessene Belehrung zu ertheilen.

Als Grundlage für die Normirung der Stellung des Amtsrichters zu den Parteien dürfte das genügen.

Allein die 4 bezifferten Absätze stammen nicht von mir her, ich habe sie nur abgeschrieben, zum Theil in unser heutiges Deutsch übertragen.

Es geben wieder:

Abs. 1: den § 6 des preußischen Edicts über das Verfahren in Bagatellsachen vom 24. Februar 1739.

Abs. 2: einen Theil des § 2 im Titel 10 der Allgemeinen Gerichtsordnung für die preußischen Staaten vom 6. Juli 1793.

Abs. 3: einen Theil des § 77 im würtembergischen IV. Organisationsedict vom 31. Dezember 1818.

Abs. 4: einen Theil der §§ 432, 435 der österreichischen Civilproceßordnung vom 9. August 1895.

Zwischen der Arbeit von Samuel von Cocceji (Abs. 1) und der von Franz Klein (Abs. 4) liegen 156 Jahre! Die Allgemeine Gerichtsordnung (Abs. 2) und das Bagatelledict sind durch 54 Jahre, das würtembergische Edict (Abs. 3) und die Allgemeine Gerichtsordnung durch 25 Jahre, das österreichische Gesetz endlich und das würtembergische durch 77 Jahre von einander geschieden. Und trotzdem, — wie stimmen doch alle diese Vorschriften so gut zusammen!

Und wie seltsam, daß nichts von alledem sich findet in der so vielgerühmten Civilproceßordnung, die das jung erstandene Deutsche Reich des 19. Jahrhunders sich gab!

Indessen die Wurzel dieses Gegensatzes läßt sich unschwer aufdecken, sobald man nur zugesteht, daß der Civilproceß in Deutschland seit der Reception seine eigene, nationale Entwickelung gehabt habe. Die naturrechtliche Begriffsjurisprudenz ist zum Schlusse gekommen, daß für den bürgerlichen Proceß das sog. Verhandlungsprincip als „das der Sache immanente Princip" [75]) anzuerkennen sei, das ungestraft überhaupt garnicht verlassen werden könne. Von solchem Standpunkte aus wurde dann die ganze fridericianische Proceßgesetzgebung bekämpft; während es sich in Wahrheit nur handeln durfte um Bekämpfung der Auswüchse, der Fehlgriffe jener Gesetzgebung. Und der Auswüchse und Fehler gabs freilich genug in der Arbeit von Suarez, die eben auch nur ein Menschenwerk war, trotzdem aber sich als die schöpferischste That darstellt, die auf dem Gebiete des Proceßrechts in Deutschland geleistet worden ist. Die deutsche Proceßlehre steht auch heute noch ganz überwiegend auf jenem Abeggschen Standpunkte, sie perhorrescirt deshalb die Verwendung des Officialprincips für die Gestaltung des bürgerlichen Verfahrens, sie entwickelt das Verhandlungsprincip als nothwendig aus demjenigen Begriffe des Processes, den ihr das übernommene fremde Recht und speciell dessen allmählige Umbildung in Deutschland geliefert hat.[76])

Es bleibt eben auch heute noch bei dem Gegensatze zwischen dem mächtigeren fremden und dem nicht genug gewürdigten nationalen Rechte. Mir aber will es scheinen, daß die alten, so verschieden gebrauchten und deshalb oft mißbrauchten Schlagworte: „Verhandlungsprincip", „Officialprincip", heute allgemach ein wenig — abgebraucht sind. Sie decken sich nicht mit dem Kern des Gegensatzes zwischen deutscher und romanischer Anschauung vom Rechtsgange. Dieser Gegensatz in seiner ganzen Tiefe läßt sich nach meinem Dafürhalten am anschaulichsten kennzeichnen mit zwei Benennungen, die in der deutschen Partikulargesetzgebung seit dem 17. Jahrhundert überall zu finden sind, sie lauten „Proceßkrieg" einerseits, und „Verfahren zur Güte" andererseits.[77])

Mit anderen Worten ausgedrückt: um die bona fides auch im Civilprocesse hat die deutsche Rechtsentwicklung gekämpft seit den Zeiten der Reception; und dieser Kampf kann heute vollends nicht unterbleiben. — Noch kürzlich hat Schollmeyer den zutreffenden Ausspruch gethan, in keinem Gesetzbuche seien die vielfachen Wechselbeziehungen zwischem bürgerlichem Recht und Civilproceß so sehr gewürdigt, als im neuen deutschen Bürgerlichen Gesetzbuche.[78])

Nun wohl: „Treu und Glauben" soll unseren gesammten privatrechtlichen Geschäftsverkehr fortan durchdringen und beherrschen, aber von dem Augenblicke an, da das Privatrecht sich im Streite vor dem Richter zu bewähren hat, ist die Beiseitelassung der bona fides ein gutes Recht der Partei —? In glänzender Darstellung hat im November vorigen Jahres Franz Klein auf diese Zusammenhänge und — Widersprüche hingewiesen.[79])

Der als etwas selbstverständlich hingenommene und scholastisch weitergesponnene Formalismus unseres Proceßgesetzes hat bisher Gedanken dieser Art erstickt. Alles, was solchen Formalismus abschwächt, durchbricht, führt uns einer besseren, würdigeren Auffassung unseres Gerichtswesens zu, und damit aus der Abirrung in fremdes Wesen hinein — wieder zu uns selbst zurück. An diesem Punkte erblicke ich das für uns zu lösende Problem. Und damit in engstem, nothwendigstem Zusammenhange steht das andere Problem der socialen Gestaltung des deutschen Rechtsganges. Nach beiden Richtungen hin kann die Lösung in gesunder Weise nur erfolgen durch eine vom amtsgerichtlichen Processe ausgehende Gesetzgebung.

Ich stelle aus deutschen Proceßgesetzgebungen zwei Bestimmungen nebeneinander:

In der Einleitung zur preußischen Allgemeinen Gerichtsordnung lautet der § 13: „Durch unerlaubte Handlungen darf Niemand seinen Vortheil befördern. Die Parteien sind also schuldig, die zur Entscheidung ihres Processes gehörenden Thatsachen dem Richter, der Wahrheit und ihrer besten Wissenschaft gemäß, vorzutragen."

Und ein Jahrhundert danach wurde in den § 178 der neuen österreichischen Civilproceßordnung die Vorschrift aufgenommen: „Jede Partei hat in ihren Vorträgen alle im einzelnen Falle zur Begründung ihrer Anträge erforderlichen thatsächlichen Umstände der Wahrheit gemäß vollständig und bestimmt anzugeben."

Hier sei erinnert an Degenkolbs schönen Ausspruch: „Das Proceßrecht löst sich in den trostlosesten Formalismus auf, es verliert seine wahrhaft ethisch rechtliche Substanz, wenn man nicht in das Proceßrecht selbst das Gebot subjectiver Wahrhaftigkeit als ein an beide Parteien gerichtetes Gebot hereinzieht".[80])

Die selbständige Regelung des amtsgerichtlichen Rechtsgangs auf solchen Grundlagen kann ernstliche Schwierigkeiten kaum bieten; — guter Vorlagen aus der Vergangenheit giebt's genug!

Schwieriger zu erfüllen, namentlich aber auch schwieriger durchzusetzen wird eine andere Forderung sein, die gestellt werden muß, wenn nicht das zu erlassende nationale, sociale Gesetz nur halbe, und damit gar keine Besserung bringen soll.

Auch das Berufungsverfahren für die in erster Instanz von den Amtsgerichten erledigten Processe (einer dritten Instanz bedarf es nicht) muß dem besonderen Bedürfnisse der hier in Betracht kommenden Parteien Rechnung tragen. Nur dann kommen wir aus dem unwahren Zustande heraus, den unser Gesetz uns gebracht (vgl. oben S. 88 ff).

Anwaltzwang kann nicht durchgeführt werden, — daß in Folge dessen unser Anwaltstand als Ganzes irgend erhebliche Schädigung erleiden werde, vermag ich nicht zuzugeben (vgl. oben S. 107).

Sachgemäßer Regelung des Parteiprocesses im landgerichtlichen Berufungsverfahren stehen aber keineswegs unübersteigliche Hindernisse entgegen.

Zunächst wird in einer großen, vielleicht in der überwiegenden Zahl der Berufungen die „Verhandlung" in der Berufungsinstanz darin bestehen, daß der Berufungskläger, unter Hinweis auf die untergerichtlichen Acten, um Aufhebung oder Abänderung der „falschen" Entscheidung des Amtsrichters, der Berufungsbeklagte um Aufrechterhaltung dieser Entscheidung bittet. — Dann wäre dem Landgerichte, das allein auf Grund des untergerichtlichen Materials eine Nachprüfung des ersten Urtheils vorzunehmen hätte, die Sache leicht und bequem gemacht. So kann ja auch heute im Anwaltsprocesse sich eine Berufungsverhandlung abspielen, denn eine „Begründung" der Berufungsanträge zu bringen, ist die Partei nach dem Gesetze nicht verpflichtet. Der nach § 526 den Anwälten obliegende Vortrag des angefochtenen Urtheils u. s. w. fiele im Parteiprocesse natürlich fort; erforderlichenfalls könnte an die Stelle treten ein richterliches Referat.

Ich glaube, daß dies der Regelfall sein müßte, weil bei gut geordnetem, sorgfältig durchgeführtem amtsgerichtlichem Processe erster Instanz die persönlich streitende Partei eben schon alle ihre Wissenschaft vom Sachverhalte dem ersten Richter vorgetragen und zu Neuerungen kein Bedürfniß weiter hätte.

Vielfach werden ja eben nur einfache Thatbestände in Frage kommen. Nachahmenswerth erscheint mir die Bestimmung im § 492 des österreichischen Gesetzes: „die Parteien können auf die Anordnung einer Tagsatzung zur mündlichen Verhandlung über die Berufung verzichten". Das hat dann zur Folge, daß das Berufungsgericht allein auf Grund der Proceßacten über die Berufung entscheidet (vgl. oben S. 44).

Aber ich halte auch für durchaus erwägenswerth den Gedanken des Ausschlusses von Neuerungen im Berufungsverfahren von amtsgerichtlichen Entscheidungen. Ich zweifele garnicht, daß diese milde Anwendung des Eventualprincips, diese Rückkehr zum sächsischen, an die „Schelte" anschließenden Rechte dem Volke wohl verständlich sein, und deshalb nicht hart erscheinen würde.

Es ist doch wohl höchst bemerkenswerth, daß die österreichische Proceßordnung den alten Kampf des sächsischen Rechts mit dem romanischen Rechte wieder aufgenommen und die Befugniß zu Neuerungen in der Berufungsinstanz eingeschränkt hat.[81]) — Die deutsche Proceßpartei, aus ihrer ernsten Auffassung des Rechtsstreits heraus, war stets zugänglich dem Gedanken der Selbstzucht bei Durchführung des Processes. — Der italienische Proceß glaubte umgekehrt, nur durch schrankenlose Parteifreiheit zu gerechtem Ergebnisse gelangen zu können.

Will man bei uns auf jenen deutschen Grundsatz nicht mehr zurückgreifen, so läßt sich das Berufungsverfahren in amtsgerichtlichen Sachen zweckmäßig nach dem Muster des neupreußischen Processes gestalten: Instruction durch einen Delegirten des Gerichts und Termin zur Verhandlung vor der Landgerichtskammer, beginnend mit dem auf die amtsgerichtlichen Acten und auf das Instructionsprotokoll gestützten, von den Parteien, bezw. ihren Anwälten zu controlirenden richterlichen Referat.

Man muß sich eben nur von der oberflächlichen Vorstellung frei halten, als ob die Rückkehr zu früherer Gewohnheit stets einen „Rückschritt“ bedeute!

Zu alledem würde ich dann noch befürworten die Versagung der Berufung in den geringsten Proceßsachen. Die Einrichtung ist unserem Volke seit Jahrhunderten gewohnt, sie ist für das Gewerbegericht durchgeführt, das österreichische Gesetz verwendet sie ebenfalls.[82]) Es ist die schlimmste Einrichtung unserer Civilproceßordnung, daß sie im Pfennigproceß Berufungsrecht — auf dem Papier — giebt, um es dann sofort durch Kosten, Anwaltzwang u. s. w. wieder zu nehmen. Eine offene Summengrenze (vielleicht 50 M.) würde ohne Einwand hingenommen werden!

Auf weitere Einzelheiten einzugehen hätte hier keinen Zweck. Ehrlicher, tüchtiger Arbeit wäre eine lohnende Aufgabe gestellt, und etwaigen Zweifeln genügt es zu begegnen mit dem altbewährten: „wo ein Wille ist, da ist auch ein Weg!“

Aber freilich, um durchzuführen, was ich hier in großen Zügen befürworte, bedarf es eines ganzen Willens. Denn mit den bisherigen Vorschlägen allein ist noch keineswegs alles erreicht, was nach meinem Dafürhalten erreicht werden müßte.

Es ist kein Geheimniß mehr, daß im neuen Deutschen Reiche das Vertrauen auf unser Gerichtswesen nachzulassen begonnen hat. Von verantwortlicher Stelle aus ist das mit dem Wunsche nach baldiger Besserung ausgesprochen worden, und ernste, nationalgesinnte Männer haben bewegliche Klage geführt über die wachsende Entfremdung unserer Bevölkerung von unseren Staatsgerichten. Weshalb auch die bedauerliche

Thatsache bemänteln, da man sie doch beseitigen nur kann, wenn man den Gründen solcher Erscheinung nachgeht!

Zunächst ist an der Thatsache selbst nicht wohl zu zweifeln. Unserem Volke läßt sich ein ihm unsympathisches, unverständliches Gerichtswesen auf die Dauer nicht aufdrängen. Unzufrieden wendet sich eben die Zahl der Rechtsuchenden vom ordentlichen Rechtswege ab. Die Symptome sind stets die gleichen, unsere Vergangenheit giebt uns die Lehre: die schiedsgerichtliche Erledigung der Rechtssachen gewinnt immer größeren Umfang, man bevorzugt etwa bestehende Sondergerichte, man ruft nach neuen Sondergerichten; es beginnt, zunächst unmerklich, allgemach steigend — eine Gerichtsflucht.

Die staatlichen, die ordentlichen Gerichte werden vermieden!

Die Ursachen dieser Erscheinung können verschieden sein. Es können die Personen des Richterstandes in Betracht kommen, ihre Art, ihre Auffassung vom Richterberufe. — Nach meiner besten Überzeugung spreche ich aus, daß dieses Moment zur Zeit nicht, oder doch nur in ganz verschwindendem Maße mitwirkt. Unser treues Volk ist mit gutem Grunde viel zu sehr erfüllt von dem Vertrauen auf die Hingebung und Unparteilichkeit seiner Richter. Zweifel nach dieser Richtung wirken nicht mit.

Es kann auch Unverständlichkeit, Verkünstelung des materiellen Rechts eine Schuld tragen. Dies etwa in den Vordergrund zu stellen, vielleicht gar das Bürgerliche Gesetzbuch anklagen zu wollen, erschiene mir unhaltbar! Denn es bedarf geraumer Zeit, bis eine neue materielle Gesetzgebung soweit in alle, insbesondere die niederen Volksschichten dringt, daß sich bewußte Anerkennung oder Verwerfung der neuen Vorschriften zeigen kann.

Ganz anders ist es mit dem Gerichtswesen selbst, mit dem Rechtsgange. Hier liegt wie zumeist, so auch in unseren Tagen der Grund jener bedauernswerthen Gerichtsflucht. Im Reichstage wurde bei Berathung der Novelle von einem Abgeordneten gesagt: „Ich gestehe ganz offen, daß, wenn ich heute einen Vertrag über die gemeinsame Verwaltung eines Gutes oder einer größeren Fabrik machen würde, ich immer eine Bestimmung in denselben aufnehmen würde: „der Rechtsweg ist ausgeschlossen, die Entscheidung von Streitigkeiten findet durch ein Schiedsgericht statt." (200.) Das ist nicht nur eine Stimme; die Gebräuchlichkeit der Schiedsgerichtsklausel in allerlei Verträgen ist bekannt genug. Formalismus und Gestaltung des Rechtsgangs stoßen immer weitere Kreise ab. Unsere Gesetzgebung hat ja das selbst anerkannt, indem sie, zumal im Interesse der unteren Volksklassen, immer neue Sondergerichte (vgl. oben S. 130 ff.) ins Leben rief. Damit wurde an einer Stelle das Bedürfniß befriedigt, aber nothwendige Folge war, daß an anderer Stelle gleiche Forderungen erhoben wurden: man hat landwirthschaftliche Schiedsgerichte begehrt, jetzt verlangt man die kaufmännischen Schiedsgerichte und ein Ende ist bei dieser Entwickelung nicht abzusehen. Denn — und das ist der entscheidende Punkt! — das Verfahren vor den Sondergerichten befriedigt die Interessenten. Bei Berathung der Novelle und zwar speciell in Anlaß der beantragten Einführung landwirthschaftlicher Schiedsgerichte, äußerte ein Mitglied der Kommission: „Wenn die Anträge mit dem Verlangen nach einem zweckmäßigeren Verfahren begründet würden, so sei der gegebene Weg zu diesem Ziele die Vereinfachung und Verbilligung des amtsgerichtlichen Verfahrens. Dann aber müsse man sich dazu entschließen, den amtsgerichtlichen Proceß nicht als eine

Abart des landgerichtlichen, sondern unabhängig von demselben als ein Verfahren sui generis zu gestalten. Nur so werde die amtsgerichtliche Rechtspflege diejenige Volksthümlichkeit erlangen, deren sich die Gewerbegerichte vielfach erfreuten.“ (274.)

Ich stehe auf demselben Standpunkte und meine, daß wir mit den zahlreichen Sondergerichten uns schon heute auf einer schiefen Ebene befinden. Es ist ebenfalls zutreffend, wenn in derselben Verhandlung ein anderes Kommissionsmitglied erklärte: „Nachgerade erscheine die Warnung geboten, den ordentlichen Gerichten nicht allzuviel zu entziehen. Wenn sich neuerdings die Empfindung geltend mache, daß die Stellung des Richters an Ansehen verloren habe, so sei einer der Gründe hierfür in der fortschreitenden Verminderung ihrer Kompetenz zu Gunsten von Sondergerichten zu suchen.“ (273, 274.)

Die Richterstellung, deren Ansehen im Sinken sein soll, ist die des Amtsrichters — das aber ist die wichtigste, weil am meisten mit der Bevölkerung in unmittelbare Berührung tretende Person unseres gesammten Gerichtswesens!

An diesem Punkte müßte nach meinem Dafürhalten eine baldige Reform mit ganzer Energie einsetzen.

Neben der besprochenen Umgestaltung des amtsgerichtlichen Verfahrens und des landgerichtlichen Berufungsverfahrens wären noch zwei andere Maßregeln zu treffen, die ich als wünschenswerth, wenn nicht gar als nothwendig bezeichnen möchte, Maßregeln, deren Durchführung mit besonderen Schwierigkeiten kaum verbunden sein dürfte, und an deren Erfolg doch wohl nicht zu zweifeln wäre.

1. Ich verweise zunächst zurück auf meine Ausführungen über den Vortermin, insbesondere über den Jastrow-v. Buchkaschen Vorschlag (oben S. 80 ff). Die amtsgericht-

liche Verhandlung bedarf keines Vortermins; für jede landgerichtliche Verhandlung erster Instanz dagegen ist der Vortermin in zweckmäßiger, nicht zu karger Ausgestaltung vorzuschreiben. Dieser Vortermin aber ist nicht abzuhalten vor dem Vorsitzenden, oder einem beauftragten Richter, geschweige denn vor der Landgerichtskammer, — sondern vor dem zuständigen Amtsgerichte, und in den Formen des amtsgerichtlichen Verfahrens, also vor allem ohne Anwaltzwang. Der Werth einer solchen Einrichtung ist oben bereits besprochen worden. Ich habe hier nur kurz zu wiederholen:

Die Stellung des Amtsrichters wäre mit einem Schlage erhöht, sobald jeder Proceß, auch der wichtigste — sei es auch mit Beschränkungen — thatsächlich zuerst beim Amtsgerichte beginnen müßte. Nicht nur das Ansehen des Amtsrichters bei der Bevölkerung wäre gehoben, auch nach innen, für den Amtsrichter selbst wäre eine Berufserhöhung gegeben, insofern der Amtsrichter nun in der Lage wäre, auch in den Sachen größten Streitwerths zum Theil zu entscheiden, zum Theil in eingehender unmittelbarer Verhandlung nachhaltigen, segensreichen Einfluß auf die weitere Gestaltung des Processes zu üben. — Die Anknüpfung an das heutige Gesetz ist ohne weiteres gegeben, ich meine die §§ 296, 608—611 und 510 der Civilproceßordnung. In jeder Sache kann heute der Amtsrichter als beauftragter Richter einen Sühnetermin abhalten. In Klagesachen auf Scheidung oder auf Herstellung des ehelichen Lebens ist der amtsgerichtliche Sühnetermin (als Vortermin!) bereits heute obligatorisch. Und vollends der § 510 bietet eine natürliche ungezwungene Grundlage für die vorgeschlagene Neuschöpfung. Jedermann, der zur Klage schreiten will, kann auch heute — einerlei, welcher Streitwerth in Betracht kommt — den Gegner zum Zwecke eines Sühneversuchs vor das Amtsgericht laden. Das Amtsgericht muß in die Sühneverhandlung eintreten, falls die geladene Partei erscheint: — es braucht nur aus dem „kann" zu Anfang des § 510 ein „muß" gemacht und im Anschlusse die Zuständigkeit des Amtsrichters zweckgemäß über den Sühneversuch hinaus erweitert zu werden: dann hätten wir den erwünschten „Vortermin" einfach als Ausgestaltung des § 510 unseres Gesetzes. Ich nannte soeben diese Einrichtung eine „Neuschöpfung"; richtiger wäre es aber, von einer Rückkehr zu uralten Gedanken zu sprechen. Solchen Schritt könnten wir umso zuversichtlicher thun, als es eben wäre: eine Rückkehr zu uns selbst. Ist doch die Sühneverhandlung vor dem Einzelrichter (dem Vorsitzenden oder Delegirten des Gerichts) der unscheinbare Punkt, von dem aus in unsere particulare Proceßgesetzgebung sociale Gedanken einst eingezogen sind.

Und andererseits: man unterschätze doch nicht die Wirkung der „Imponderabilien" auf die Volksanschauung! Wie anders steht unser Staat da, wenn er in dieser Weise den hohen socialen Gedanken der einen ersten Instanz für jedermann, für jeden Proceß — sei es auch nur bis zu einem gewissen Maße — verwirklicht. „Gleiches Recht für Alle" (wenn dieses Wort social verstanden wird) läßt sich nur selten nach außen anschaulich, sinnfällig durchführen. Hier aber ist einmal die Möglichkeit gegeben. Ich meine, man sollte unbedenklich zugreifen und jenes Wort an dieser Stelle — zur Wahrheit machen!

2. Sind wir erst bis zu diesem Entschlusse durchgedrungen, hat so die Amtsrichterstellung die ihr vom socialen Standpunkte schlechthin zukommende richtige Würdigung erhalten;[83]) — dann (aber wohl auch nur dann) bietet sich gleichsam von

selbst für uns die Handhabe, um jener mißlichen „Gerichtsflucht“ unserer Tage mit Selbstbewußtsein und mit bester Aussicht auf Erfolg entgegenzutreten. Das wäre wieder ein Beispiel von der segensreichen Rückwirkung jeder socialen That auf das Staatsganze, das sie vollzog!

Ich meine dieses: keine Berufsgruppe unseres Volkes, wie arm oder reich, wie gering oder wie hochgestellt die Zugehörigen sein möchten, könnte hinfort den Amtsrichter als nicht geeignet für die Entscheidung der einschlägigen Streitfragen ablehnen. Für alle im Staate ist er Richter, wie ließe sich ein Recht einzelner Berufsstreitigkeiten auf Sondergerichte da noch begründen? Der Einwand, daß das amtsgerichtliche Verfahren sich nicht eigne für diejenigen Sachen, die heute von Sondergerichten entschieden werden, kann nicht erhoben werden, sobald ein neuer, unabhängig von der Civilproceßordnung geregelter Amtsgerichtsproceß in Kraft getreten ist; würde doch dieser Proceß in allen Hauptpunkten sich decken mit dem bisherigen Verfahren vor den Sondergerichten.

Also bleibt nur noch *eine* Frage zu erledigen: sollen die Rechtsstreitigkeiten, denen zur Zeit das gesetzliche Privilegium der Erledigung durch *Collegialgerichte mit Laienbeisitzern* gewährt ist, sollen sie hinkünftig einfach vor den gelehrten Einzelrichter verwiesen werden? — Ich meine, das ist eine gar nicht aufzuwerfende Frage! Wer könnte wohl daran denken, in den Bevölkerungskreisen, die sich jetzt ihrer Sondergerichtsbarkeit erfreuen, bei Entziehung jenes gesetzlichen Privilegs Zufriedenheit zu erhalten? Und nicht nur Zufriedenheit soll erhalten, es soll auch Vertrauen auf die Staatsgerichtsbarkeit gefördert werden.

Nun, der Weg zu solchem Ziele ergiebt sich von selbst, er weist freilich nach der dem bisherigen Entwickelungsgange entgegengesetzten Richtung hin: nicht neue Sondergerichte haben wir zu schaffen, wir haben die bisherige Sondergerichtsbarkeit zu verstaatlichen, sie in den Organismus der Staatsgerichtsbarkeit aufzunehmen und sie damit — verschwinden zu lassen.

Nur der Vorsitz in den künftig zu erhaltenden und nach Bedürfniß neu ins Leben zu rufenden Specialgerichten soll dem Amtsrichter übertragen, die collegiale Organisation, die Laienbeisitzer, sollen ganz wie bisher erhalten werden. Wäre das in der That etwa eine ganz ungeheuerliche Umwälzung? Bietet sich nicht im Schöffengerichte unserer Strafgerichtsbarkeit ein Vorbild, das sich doch gut bewährt hat?

Es wäre doch jedem berechtigten Sondergerichtsbedürfnisse Genüge geschehen, wenn gesetzlich bestimmt würde: in gewerblichen, landwirthschaftlichen, kaufmännischen Streitsachen bestimmter Art verhandelt und entscheidet das Amtsgericht als Schöffengericht mit zwei (oder auch mehr) Beisitzern aus dem entsprechenden Berufskreise. Über die Art der Wahl bezw. Ernennung solcher Schöffen wird bei willigem Entgegenkommen der Staatsregierungen Einigung leicht zu erzielen sein.

Aber guten Willens bedarf es, und daran kann es an dieser Stelle nicht fehlen. Handelt es sich doch um eine Kernfrage der Gesundung unseres Volkslebens, um eine ernste Lebensfrage für unser ganzes Staatswesen. Zu dem also vorhandenen guten Willen braucht nur noch hinzuzutreten die Erkenntniß, daß der Ruf nach Theilnahme von Laien an der Rechtsprechung seine gute Begründung für uns Deutsche hat. Und das dürfte doch wohl im Deutschen Reiche bereits anerkannt sein, eben durch die Gesetzgebung über jene Sondergerichte, über die Kammern für Handelssachen, über das Verwaltungsstreitverfahren u. s. w.

Richard Schmidt sagt in seinem Lehrbuche (S. 197) von den Gewerbegerichten: sie „entspringen dem von lang her ausgebildeten Mißtrauen des Arbeiterstandes in den erfahrungsgemäß großentheils der Bourgeoisie entnommenen Beamtenrichterstand und sind demgemäß wesentlich eine Schöpfung der socialpolitischen Bewegung".

Ohne diesen Ausspruch im einzelnen zu kritisiren, möchte ich im Zuge meiner bisherigen Ausführungen nur bemerken, daß eben jener erste Schritt zu einer socialen Gestaltung unseres Gerichtswesens nunmehr Nachfolge finden müßte in socialer Gestaltung unseres gesammten amtsgerichtlichen Verfahrens. Und jenes „Mißtrauen des Arbeiterstandes" würde sich am leichtesten beseitigen lassen durch Einfügung der Gewerbegerichte in den Bestand der Staatsgerichte. Das ist in der That ja auch insofern bereits geschehen, als man die Berufung unmittelbar an die Landgerichte zugelassen, in dieser Beziehung also Amtsgericht und Gewerbegericht gleich nebeneinander gestellt hat. Nur noch eines halben Schrittes bedarf es zu ganzer Folgerichtigkeit: das Gewerbegericht ist in der angegebenen Weise dem Amtsgerichte anzugliedern. Und damit wäre dann weiter das Vorbild für die anderen und etwaige künftige Sondergerichte gegeben.

Auf der erwähnten Seite seines Lehrbuchs (Anm. 2) bemerkt Schmidt dann noch: „Thöricht (!) der Bericht der Reichstagskommission über den socialdemokratischen Antrag vom Februar 1886: sie (die Gewerbegerichte) seien hervorgegangen aus einem „tiefwurzelnden historischen Recht der deutschen Volksstämme, die im Beruf entstandenen Streitigkeiten durch ebenbürtige Standes- und Fachgenossen zur Entscheidung zu bringen".

Ob dieses Urtheil nicht doch gar zu scharf ist?

Ich will nicht jede einzelne Wendung in jenem Kommissionsberichte unterschreiben, wenn derselbe aber an unsere Vergangenheit anknüpft, um die Berechtigung dieser Neuschöpfung auf dem Gebiete unseres Gerichtswesens darzuthun, so glaube ich zustimmen zu müssen. Der seiner Zeit beherrschende Gedanke der Volksgerichtsbarkeit ist zwar im Laufe der Jahrhnuderte unter der Wucht des eindringenden fremden Gerichtswesens, dann in Folge der technischen Durchbildung des neuzeitlichen Rechts zusammengeschmolzen in unserem Volksbewußtsein; — ganz verloren gegangen ist er aber niemals. Er hat sich in einem, verglichen mit der Vorzeit, sehr bescheidenen Umfange erhalten in dem Streben nach Durchsetzung der Betheiligung von Laien an der Rechtsprechung. Und in dieser Form hat der alte Gedanke im Gerichtswesen der deutschen Städte sich lebendig und segensreich bethätigt bis zum Inkrafttreten der Civilproceßordnung. Ich sage segensreich — denn die Durchführung der Laienmitwirkung bei der Rechtsprechung hat zur nothwendigen Voraussetzung oder Folge: einen anschaulichen, nationalen, socialen Rechtsgang. Daß aber unser deutsches Volk auf einen solchen Rechtsgang ein „historisches", unverlierbares „Recht" hat, davon bin ich allerdings durchdrungen. Mag hier darauf hingewiesen werden, daß die stammverwandten Skandinavier noch heute das Schöffengericht in bürgerlichen Streitsachen als Normalgericht kennen.[84])

Schmidt bringt aber (a. a. O. S. 93) noch folgenden Satz: „Hat das Volksbewußtsein einmal für eine Beamtenrechtspflege als das ihm erwünschte entschieden, so darf mit Sicherheit vorausgesagt werden, daß die Herstellung einer formlosen Beamtenjustiz binnen kurzem verhältnißmäßig viel größere Unzufriedenheit erregen würde, als wie jetzt die formelle trotz ihrer häufig drückenden Konsequenzen erzielt."

Ich sehe ab davon, daß wirklich formlose Beamtenrechtspflege meines Wissens von Niemand angestrebt wird, man wünscht nur Verringerung des Formalismus unserer Civilproceßordnung, und eine Verringerung dieses Formalismus dürfte sehr wohl durchzuführen sein.[85])

Wenn aber mit obigem Satze gesagt sein soll, daß unser deutsches Volksbewußtsein sich jemals schlechthin und unwiderruflich „für eine Beamtenrechtspflege als das ihm erwünschte" entschieden habe, so möchte ich doch widersprechen! Mir fehlt der Idealismus, der in jedem Reichstagsbeschlusse eine unmittelbare Äußerung unseres „Volksbewußtseins" zu erblicken bestrebt ist! Was kümmert die breiten unteren Schichten unseres Volkes eine Reichstagsverhandlung über Civilproceß und Gerichtsverfassung. Gab's denn eine Möglichkeit nur, auf das „deutsche Volksbewußtsein" zurückzugehen damals, als die gelehrten Juristen in der Reichstagskommission beriethen? Nur eine Äußerung des Volksbewußtseins, die Anschauung unseres allezeit rührigen Handelsstandes trat in jener Zeit zu Tage, und zwar, als die Kommission die Handelsgerichte ablehnte: ein gewaltiger Sturm der Unzufriedenheit erhob sich und hatte alsbald Erfolg. Die Gesetzgeber lenkten ein, und wir erhielten und haben noch heute die Kammern für Handelssachen mit ihren Laienbeisitzern.

Weiterhin hat allerdings, und abermals mit Erfolg, bei uns das Volksbewußtsein sich zur Sache geäußert, — indessen zu Ungunsten der überformellen Beamtenrechtspflege. Diese Bewegung hat dann zu den Sondergerichten geführt, die — es kann eben nicht anders sein! — die Autorität unserer Amtsgerichte untergraben. Auf die Dauer ist solcher Gegensatz nicht ohne Schädigung unseres Staatswesens zu ertragen. Die Bewegung ist noch immer im Wachsen, ihr muß entgegengetreten werden. Mit Erfolg kann das nach meinem Dafürhalten nur auf dem Wege geschehen, den ich in großen Zügen hier angedeutet habe.

Ich wiederhole: vier in einander zusammenhängende Maßregeln sind zu treffen:

1. Der amtsgerichtliche Proceß ist völlig selbständig neuzugestalten;
2. das landgerichtliche Berufungsverfahren ist, unter Beseitigung des Anwaltzwanges, zweckgemäß zu regeln;
3. der für alle landgerichtlichen Sachen erster Instanz einzuführende Vortermin ist der Leitung des Amtsrichters zu unterstellen;
4. die bestehenden Sondergerichte sind unter Beibehaltung der Laienbeisitzer als besondere Ausgestaltungen unserer staatlichen Gerichtsbarkeit den Amtsgerichten anzugliedern.[86])

Auf diesem Wege könnte viel erreicht werden. Nur zum vierten Vorschlage, der wohl auf die größte Gegnerschaft zu rechnen hat, noch eine kurze Ausführung.

Die Eingliederung der bisherigen Sondergerichte in den Bestand der ordentlichen Staatsgerichte könnte nur von segensreicher Wirkung sein. Dem „Mißtrauen", das bekämpft werden soll, ist der Boden entzogen, wenn neben und mit dem Amtsrichter die Schöffen urtheilen. Auf die Laienbeisitzer aus den entsprechenden Berufsgruppen wiederum muß das Pflichtbewußtsein bei Ausübung staatlicher Gerichtsbarkeit objectivirend zurückwirken, und die eigene verantwortliche Arbeit im staatlichen Gerichtswesen wird sie lehren, in ihren Berufskreisen das Vertrauen zu den Staatsgerichten, wo es fehlt, zu erwecken, wo es vorhanden ist, zu stärken. Das alles schon wäre unschätzbarer Gewinn.

Aber es ist auch garnicht zu bezweifeln, daß unser Amtsrichterthum aus dem steten pflichtmäßigen Zusammenarbeiten mit dem Laienelement eine Fülle zutreffender Lebensanschauungen erwerben, tiefere, fester gegründete Erkenntniß der Bedürfnisse unseres heutigen Volkslebens sich aneignen würde. Unsere unplastische, technische, oft gekünstelte moderne Gesetzgebung bedarf eines Gegengewichts, einer Erfassung ihrer unmittelbaren Wirkungen auf Handel und Verkehr im täglichen Leben. Das Laienelement in den Amtsgerichten könnte an diesem Punkte nützliche Dienste leisten.

Und schließlich, — wenn man der Sache näher nachdenkt, so ist das, was ich befürworte, weder eine schwierige, noch gar eine besonders umwälzende Gesetzgebungsarbeit. Alles einzelne Material ist ja heute schon vorhanden, nur die Zusammenfügung soll eine andere, auf zeitgemäßen Gedanken beruhende werden.

Vielleicht wird eingewandt, es liege die Gefahr vor, daß die Zukunft noch weitere Ansprüche auf Verwerthung des Laienelements in der Rechtssprechung bringe, daß immer mehr Berufsgruppen für sich gleiche Schöffenrechtspflege forderten wie die bisher bevorzugten Kreise.

Aber das wäre doch keine Gefahr! Im Gegentheil, mit solchen Forderungen würde unser Volk ja den Beweis liefern, daß ihm die so umgestaltete Staatsgerichtsbarkeit Vertrauen einflöße, Befriedigung gewähre. Und damit wäre ja das hohe Ziel erreicht, dem wir heute — noch gar so ferne stehen!

Und wenn man noch so viel Gefahren sich für die Zukunft ausmalen wollte, sie wären alle doch nicht so schlimm als diejenige, in der unser Gerichtswesen sich heute bereits befindet.

Gar mancher im deutschen Reiche sinnt darüber nach, wie unsere Gesetzgebung der bösen „Gerichtsflucht“ unserer Tage endlich steuern könnte. Da kann eben nur ein guter Rath ertheilt werden; ich spreche ihn aus, indem ich ein schönes Wort von Emanuel Geibel vergewaltige:

Wollt Ihr in Gerichtes Schooß
Wieder die Zerstreuten sammeln,
Macht die Pforten breit und groß
Statt sie selber zu verrammeln!

Historisch-ethisch-nationales
(zur Abwehr).

Als ich vor bald vier Jahren meine „Vierhundert Jahre deutscher Civilproceßgesetzgebung“ veröffentlichte, da lag mir der Gedanke, bei Adolf Wach und seiner Schule Zustimmung zu finden, allerdings sehr fern. Die Richtung dieser Gruppe unserer Proceßgelehrten war mir ja aus ihren Werken wohlbekannt. Ich verfolgte mit meiner Arbeit ganz andere Ziele. Nicht um den italienischen Proceß und dessen Grundlagen — wieweit romanisch oder germanisch — war es mir zu thun. Ich suchte festzustellen, in welchem Maße seit den Zeiten der Reception des italienischen Processes deutschrechtliche Gedanken, jenes übernommene Verfahren umgestaltend, zur Geltung gekommen wären. Natürlich ergab sich dabei als Hauptaufgabe die Durchforschung der ungemein rührigen deutschen territorialen Proceßgesetzgebung. Dem Processe ist es eben gerade so ergangen wie dem einheimischen Privatrechte: die deutschrechtlichen Gedanken flüchteten vor der fremdrechtlichen Lehre, — um Schutz zu finden in der Partikulargesetzgebung.

Das Ergebniß der Bearbeitung dieses, soweit der Proceß in Betracht kommt, noch recht jungfräulichen Bodens war mir erfreulich: zähes, deutsches Rechtsbewußtsein hatte den romanischen Proceß fast vollständig überwunden und seine Hauptfehler durch Einfügung deutscher Grundsätze beseitigt. Die gemeinrechtliche, vom Reichskammergerichtsprocesse ausgehende

Lehre hat auf diese Entwickelung niemals ernstlich Rücksicht genommen.

Als ich danach die Civilproceßgesetzgebung der Gegenwart prüfte, stellte sich alsbald heraus, daß unser Gesetz von 1877 eine neue Übernahme romanischen Rechts herbeigeführt, die österreichische Proceßgesetzgebung von 1895 dagegen wieder energisch auf deutsche Rechtsgedanken zurückgegriffen hatte. — Das habe ich dann ausgesprochen!

Jene nichterwartete Zustimmung ist mir auch keineswegs zu Theil geworden. Im Gegentheil! In kurzen, nach Form und Inhalt ziemlich „identischen Noten" haben sowohl Wach als Richard Schmidt meine Arbeit als ein Stück Dilettantismus bezeichnet.[87])

So etwas will nicht tragisch genommen werden!

Wer sich, mit Unrecht oder mit Recht, als beatus possessor fühlt, dem liegts ja auch nahe, sich das Leben bequem zu machen, und das hat unser Romanismus dem erwachenden Germanismus gegenüber oft genug gethan.

Auch die in diesem Falle geübte Kampfesweise ist nicht gerade neu; daß sie sich aber auch durchaus nicht immer bewährt, mag ein Beispiel zeigen:

Vor noch nicht 50 Jahren schloß ein romanistisch geschulter Rechtslehrer (auch er war später Professor in Leipzig) die Vorrede zu einem System des deutschen Privatrechts mit folgenden Worten:

„die wirklich bestehenden Gegensätze sind hiernach andere. Sie heißen nicht: Romanismus und Germanismus, sondern: Jurisprudenz und Dilettantismus."

Die Äußerung hat ja zweifellos den Vorzug großer Deutlichkeit!

Allein, wer im Stande ist, die gewaltigen Erfolge zu würdigen, die unsere germanistische Rechtswissenschaft mittlerweile errungen hat, sowohl auf dem Gebiete der Rechtsgeschichte, wie auf dem der Gesetzgebung, der wird für jene tönende Phrase aus dem Jahre 1855 heute doch kaum viel mehr übrig haben, als — — ein Lächeln!

Habent sua fata — „libelli"!

Richard Schmidt — nicht Wach — bringt aber auch einiges Sachliche gegen meine Auffassung vor, und auf sachliche Einwände bin ich natürlich stets bereit, näher einzugehen.

Schmidt also schreibt (in der Vorrede zum Ergänzungshefte des Lehrbuchs): — „schwerlich wäre ein solches Urtheil möglich gewesen, wenn man sich nicht den geschichtlichen Gesichtskreis allzu eng gezogen hätte. Wer an der Wurzel den aller gesetzlichen Schranken entledigten Beamtenproceß des römischen Polizeistaats mit dem gesetzlich gebundenen Gerichtsverfahren der Germanen vergleicht, wer sich die Mühe nimmt, in die geniale Schöpfung der italienischen Renaissance einzudringen, wer dort das ehrliche Streben verfolgt, bei allem Fortschritt gerade den germanischen Grundgedanken, die gesetzliche Überwachung des Gerichts, zu erhalten, wer an diesem Maßstab das deutsche und das österreichische Proceßrecht mißt, — der wird nicht zweifeln können, welches von beiden sich dem deutschen Verfassungsstaat am besten einfügt. Wenn sich der nationale Charakter eines Proceßrechts nicht an dem Besitz der einen oder andern äußeren Rechtsform erweist, sondern an dem beherrschenden und praktisch wirksamen Rechtsgedanken, dann ist der deutsche Reichsproceß gewiß der nationalere".

Auf eine Verständigung mit Schmidt kann ich hiernach nicht rechnen. Mir bleibt nur übrig, dem Gange seiner Ausführungen folgend, meinen abweichenden Standpunkt kurz zu begründen.

Das Schreckbild des römischen Processes der Kaiserzeit mit ihrer Beamtendespotie hat zunächst nichts zu thun mit der von mir unter Hinweis auf die österreichische Gesetzgebung allerdings befürworteten Stärkung, Erhöhung der richterlichen Stellung im bürgerlichen Processe. Wir leben nicht in einem despotischen, sondern im Verfassungsstaate, unsere Richter sind nicht Beamte im Sinne jener sinkenden Römerzeit, sie sind sogar gegenüber allen sonstigen heutigen Beamten herausgehoben durch die eidlich zu übernehmende Pflicht, ihre Überzeugung unabhängig zur Geltung zu bringen, durch ihre Unterstellung „nur dem Gesetze". — Dem schrankenlosen Schalten jener römischen Rechtspflege, das schließlich zurückführt auf die Geringschätzung des einzelnen Unterthanen, steht heute gegenüber das anzuerkennende Streben, die Rechtspflege so zu gestalten, daß jedermann, auch der geringste, sich ihrer bewußt zu erfreuen, sie zuversichtlich anzurufen vermöge.

Das „gesetzlich gebundene Gerichtsverfahren der Germanen" wirkt grell genug als Gegenbild zum römisch-byzantinischen Processe. Es handelt sich eben um zwei grundverschiedene Völker, von denen noch dazu das eine alternd dem Untergange entgegeneilt, während das andere jugendlich aufstrebend in die Geschichte erst eintritt. Aber was soll mit dieser Gegenüberstellung überhaupt dargethan werden? Wir heute im Deutschen Reiche sind ebensowenig „Germanen" der Urzeit, als überlebte Byzantiner! Zweitausend Jahre vermögen auch eines Volkes Rechtsgedanken abzuwandeln. Ich meine gerade, daß Schmidt durch Hervorhebung der „gesetzlichen Gebundenheit" des altdeutschen Verfahrens gegen seinen eigenen richtigen Satz verstößt, daß nicht die äußere Form, sondern der beherrschende Gedanke den nationalen Charakter eines Proceßrechts bestimme.

Denn die „Gebundenheit" des altdeutschen Gerichts ist in meinen Augen nur eine äußere Form, und äußere Formen in für uns heute ganz unverständlicher Starrheit banden damals in ganz gleicher Weise auch die Parteien selbst, — ich brauche nur an den Eidesformalismus zu erinnern! Darüber aber schwebte in einer Entwickelungszeit, die frommen Glauben und Rechtsgefühl noch nicht zu scheiden wußte, der „beherrschende Gedanke": Gott ist Recht, Gott ist selbst Recht, Gott ist ein Beginn alles Rechtes, Recht kommt von Gott! Und von hier aus kam der Germane zu jenem Formenwesen: nicht menschliches Meinen war würdig und im Stande, zur Ermittelung des vom höchsten Wesen zu spendenden Rechtes mitzuwirken. Nur die Form, als überkommene Rechtssatzung selbst göttlichen Ursprungs, wies den Weg zur Erlangung des höchsten Richterspruchs, zur Beweiserbringung.

Im Gegensatze der Parteien zu Urtheilsfindern und urtheilenden Gemeindemitgliedern ferner ergab sich die gleiche Gebundenheit beider Seiten, denn die Parteien, ebenfalls Mitglieder der Gerichtsgemeinde, standen denen, die das Urtheil „finden" und mit Kraft ausstatten sollten, ja als gleichberechtigte Männer gegenüber.

Das alles mußte sich wandeln, als wir — endgiltig erst mit der Reception — die moderne Lehre übernahmen: der Richter hat das Gesetz anzuwenden auf das concrete Thatsachenmaterial, über dessen Wahrheit oder Unwahrheit seine Überzeugung entscheidet. Der Richter als solcher ist also den Parteien übergeordnet.

Und trotz dieser nothwendigen Abwandlung ist im Grunde der alte Gedanke dem Volke erhalten geblieben: „der Richter sitzt an Gottes Statt". — Es handelt sich um „die tiefe sittliche Auffassung des Rechtsstreits und des richterlichen Urtheils bei den Germanen". Ich habe schon früher auf diese Wendung aufmerksam gemacht,[88]) sie ist doppelt werthvoll, weil sie von Bethmann-Hollweg stammt, dem Manne, der vor einem halben Jahrhundert bei uns die am sichersten gegründete Anschauung vom römisch-romanischen Processe hatte.

Und nicht nur im 8. Jahrhundert (auf das jener Ausspruch sich bezieht) war solche unbewußte Erinnerung an die Vorzeit wach; es ist auch fernerhin so geblieben. Das hat unser Volk dargethan in dem Festhalten an der ernsten Auffassung des Rechtsganges, in der Vorliebe für das Verfahren mit Minne, später für das Güteverfahren, im Vertrauen, das es bei solchem Verfahren dem Richter entgegentrug, in der Abneigung gegen den Formalismus des Proceßkrieges. Alles spiegelt in anderer Form wieder den Sinn der Vorfahren, die nicht anders wußten, als daß das Recht — von Gott stamme. Die Hineinlegung des ethischen Moments[89]) in den Proceß, sie ist nach meiner Überzeugung der deutsche Gedanke, den wir uns trotz der Reception in jahrhundertelangem Kampfe mit dem romanischen Proceßrechte herüber gerettet haben bis auf den heutigen Tag. Und nur ein Ausfluß dieser ethischen Auffassung auch des bürgerlichen Processes ist es, wenn deutsches Proceßrecht — auch hierin kann das österreichische Gesetz uns Vorbild sein! — nunmehr daran geht, bei der Regelung des Rechtsganges ebenfalls sociale Gedanken zur Geltung zu bringen.

Gewiß hat Schmidt Grund, auf die „Schöpfung der italienischen Renaissance" hinzuweisen und auf ihr ehrliches Streben, „die gesetzliche Überwachung des Gerichts zu erhalten". Das gleiche Streben kennzeichnet ja auch die Entwickelung des

„gemeinen Processes“, der, obgleich ausgehend von der richterlichen Überzeugung als der entscheidenden Macht, — schließlich endete mit abermaliger völliger Formalisirung des Beweisrechts.

Gerade diese Gebundenheit und gesetzliche Überwachung der richterlichen Überzeugung hat uns nicht befriedigt, und wir haben sie — bis auf einen, freilich erheblichen Rest — mit dem heutigen Gesetze abgeworfen. Und das erfolgreiche Streben nach immer größerer Einengung der Gewalt desselben Richters, der doch nun seine Überzeugung zur Geltung bringen sollte, dieses Streben, so ehrlich es gemeint war, wurzelt in der Erinnerung — nicht an alte Grundgedanken, sondern an alte Formen des Rechtsganges. Das treibende bei dieser Entwickelung war gegeben in der Erkenntniß, daß das Richterpersonal einstmals in Italien, seit der Reception Jahrhunderte hindurch wohl auch in Deutschland nicht Sicherheit bot für eine volle Lösung der neuen großen Aufgabe, die dem Richteramte gestellt war. Dieses äußere, zeitpolitische Moment erklärt jenes entscheidende Mißtrauen in Leistungsfähigkeit und guten Willen des Richterstandes.

Aber über solches Mißtrauen müssen wir heute hinüber sein, — sind wir hinüber: das ist das unvergängliche Verdienst der preußischen, der fridericianischen Gesetzgebung! Sie hat — nicht etwa aus der Laune eines genialen Mannes heraus, sondern: eine mehrhundertjährige, überall in Deutschland nachweisbare deutsch-nationale Entwickelung zum Durchbruch bringend — uns den hochstehenden, unangetasteten preußischen und deutschen Richterstand geschaffen. Dieses Werk aber konnte gelingen nur deshalb, weil der hochsinnige, edle Mann, dem die Ausführung der Proceßreorganisation anvertraut war, weil Carl Gottlieb Suarez, von tiefethischer Auffassung der Rechtspflege erfüllt, ohne Zaudern dem Richter größere Rechte gab, um ihn fähig und gewillt zu machen zu hingebender Erfüllung seiner verantwortungsvollen Pflicht.

Gerade dieser, doch wohl unbestrittene Erfolg der preußischen Gesetzgebung spricht gegen die Berufung auf die „gesetzliche Gebundenheit“ des Richters als einen deutsch-nationalen Grundgedanken. Durch Vertrauen auf die Pflichttreue und die Reinheit des Richterstandes ist erreicht worden, was dem Mißtrauen des italienisch-gemeinrechtlichen Processes in den Richterstand — zu erreichen versagt blieb!

Menschliches Können ist beschränkt. Das höchste was dem Staate geleistet werden, das höchste, was der Staat von denen, die ihm dienen, fordern kann, ist — Pflichttreue. Das höchste erreichen kann aber ein Gesetzgeber nur, wenn er mit den edlen Seiten des Volkes rechnet; nicht wenn er nur darauf bedacht ist, Mißgriffe, Verfehlungen, Pflichtverletzungen zu verhüten. Das negirende Mißtrauen kann niemals die Grundlage einer segensreich aufbauenden Gesetzgebung bilden.

Und ist es nicht ein greifbarer Widerspruch der herrschenden Lehre, der ich mich nicht anzuschließen vermag: der Richter soll gesetzlich gebunden sein, ihm gegenüber wird Mißtrauen zur Geltung gebracht; dem Anwalt dagegen, dessen Pflichten näher zu bestimmen unser Gesetz sorgfältig umgeht, dessen Rechte umso genauer bestimmt sind, dem Anwalt muß die Partei im obergerichtlichen Verfahren sich überliefern, und zwar mit völlig gebundenen Händen? Der Anwalt, nur er ist in Wahrheit dominus litis; dürftig genug sind die einschränkenden Bestimmungen der §§ 83 u. 85 des Gesetzes.

Und woher das Messen mit so verschiedenem Maße? — Ich wüßte eine Erklärung nur zu geben bei Unterstellung einer politischen, einer Partei-Richtung: dem Staate, dem staatlichen Beamten — folgeweise auch dem Richter — hat man im Zweifel zu mißtrauen! Darin liegt eben die größte Schwierigkeit einer gesunden Proceßgesetzgebung, die ihre Läuterung im parlamentarischen Feuer zu bestehen hat: der Rechtsgedanke, der doch füglich einigend wirken sollte, läuft Gefahr, von einer „politischen" Erwägung bei Seite geschoben zu werden.

Ich fasse zusammen: wir haben einen Richterstand, wir haben ihn heute noch, der von dem Richterstande keines anderen Culturstaates übertroffen wird; wir dürfen auf ihn bauen, wir können ihn uns erhalten, wenn wir sein Amtsrecht und in gleichem Verhältnisse seine Amtspflicht so steigern, wie es uns zweckmäßig erscheint zur Durchführung unserer ethischen, socialen, nationalen Auffassung auch des bürgerlichen Processes; das gilt zunächst und zumeist für die Umgestaltung unseres amtsgerichtlichen Verfahrens.

Daß ich hierbei nicht etwa an Wiedereinführung der „Allgemeinen Gerichtsordnung" denke, braucht wohl kaum versichert zu werden. Ohnehin bin ich überzeugt, daß der Gegensatz, den die vorhergehenden Seiten behandeln, erheblich an Schärfe verlieren wird, sobald erst durch bestimmte, ins einzelne gehende gesetzgeberische Vorschläge das Streitgebiet abgesteckt ist. Deshalb mißbillige ich den Versuch, einer Umgestaltung unseres Gesetzes im voraus entgegenzutreten: unter Berufung auf ein „Princip", das noch keineswegs unantastbar formulirt, das freilich in der Begründung der Civilproceßordnung betont ist, das aber im übrigen theils aus dem Gesetze heraus, theils in dasselbe hinein deducirt wird.

Unsere Proceßwissenschaft hat ein ehrfurchtgebietendes Alter hinter sich; sie hat in unermüdlicher Forschung vieles geleistet;

aber sie hat im geschichtlichen Entwickelungsgange immer wieder dieselbe Erfahrung gemacht:

wenn „die Lehre“ am mächtigsten dasteht, am mächtigsten dazustehen glaubt, dann — gerade dann! — ist doch Eines noch weit mächtiger als die Lehre, und das ist das Leben!

Anmerkungen.

Die ohne Zusatz in den Text gedruckten eingeklammerten Ziffern verweisen auf die Seitenzahlen von Hahn-Mugdan, Die gesammten Materialien zu den Reichs-Justizgesetzen, Bd. VIII: Materialien zum Gesetz betr. Änderungen der Civilproceßordnung u. s. w.

---

1. Gleich die „Begründung" (Hahn, 78) bringt einen solchen Hinweis. Am Schluß der Kommissionsberathung über das Zustellungswesen giebt ein Regierungsvertreter die Erklärung ab, daß die gestellten Anträge bei einer allgemeinen Revision der Civilproceßordnung sorgfältig erwogen werden würden (Hahn, 325) u. s. w.

2. „Vierhundert Jahre deutscher Civilproceßgesetzgebung. Darstellungen und Studien zur deutschen Rechtsgeschichte," Berlin 1898. — S. 746 ff. — (Ich citire fernerhin: „400 Jahre")

3. Sohm, „Fränkisches Recht und römisches Recht", in der Zeitschrift der Savigny-Stiftung für Rechtsgeschichte, germ. Abth. Bd. I. S. 10.

4. Bähr eröffnete mit dem Aufsatz in den Jahrb. f. d. Dogmatik Bd. 23, VII: „Der deutsche Civilproceß in praktischer Bethätigung" (1885). Wach erwiderte mit der Schrift: „Die Civilproceßordnung und die Praxis" (1886). Im selben Jahre veröffentlichte Bähr in den Jahrb. f. d. Dogm. Bd. 24, V: „Noch ein Wort zum deutschen Civilproceß". Es folgten: 1887 Wach, „Die civilprocessualische Enquete", Ergänzungsheft zu Bd. XI der Zeitschrift für deutschen Civilproceß, und 1888 Bähr, Die Proceßenquete des Prof. Dr. Wach.

Die im Text gemeinten Ausführungen von Wach finden sich in der Schrift: „D. C.P.O. und d. Praxis", S. 2, 3 u. 65.

5. Deutsche Jur.-Zeitung, Jahrg. III (1898): Wach, Die Novelle zur Civilproceßordnung, S. 65.

6. Vgl. die oben, Anm. 3, bezogene Abhandlung, S. 80.

7. „400 Jahre", vgl. dort „XII. Ergebnisse", insbesondere S. 743 ff. In der Anm. zu S. 726 daselbst (S. 790) habe ich Stellung genommen zu Plancks Versuch, die Bestimmungen der C.P.O. möglichst auf Grundsätze des gemeinen Processes zurückzuführen. M. E. hat Planck, dessen

Arbeiten ja bahnbrechend gewesen sind für die rechte historische Auffassung des Civilproceßrechts, nur darthun wollen, daß ein Zusammenhang des heutigen Gesetzes französischer Herkunft mit unserem früheren Proceßrechte immerhin construirbar sei. Ich meine aber doch, daß Kohler, „Der Proceß als Rechtsverhältniß“, S. 5* zutreffend sagt: „das kanonisch-französische Verfahren“ sei die „Grundlage, auf der unser Proceß von Anfang bis zu Ende aufgebaut“ sei. Nur halte ich, im Gegensatze zu Kohler, diese Grundlegung eben für einen verhängnißvollen Mißgriff unserer Reichsgesetzgebung. — Anderer Ansicht ist R. Schmidt, der im Lehrbuch, S. 87 Anm. 1, sagt: „Beide Systeme, das französische wie das gemeinrechtliche, waren mangelhaft. Der heutige deutsche Proceß ist im Verhältniß zu beiden das reifere, aber eben um deswillen das unmittelbare Entwickelungsprodukt des gemeinen Processes.“ — Ich vermag das zwingende dieser Schlußfolgerung („eben um deswillen“) — nicht recht einzusehen!

8. Bähr, „D. dtsch. C.P.“ (vgl. oben Anm. 4), S. 341, sagt von Leonhardt: „Vor allem besaß er ein großes Formtalent, so daß Entwürfe meist formvollendet aus seiner Feder hervorgingen.“ „Die an sich formelle und romanistisch gefärbte Richtung vieler hannoverschen Juristen hielt ihn zwar nicht — befangen. — Aber er hatte auch nichts anderes an die Stelle zu setzen. Der Sinn für das Materielle des Rechts schien wenig bei ihm entwickelt.“ Wach, d. C.P.O. (vgl. oben Anm. 4) S. 6 ff., hat gewiß recht, wenn er bemerkt, daß die Übernahme des französischen Processes nicht schlechthin Leonhardt zuzuschreiben sei. Ich habe auch selbst (vgl. „400 Jahre“, S. 650, 651, 746) den Eindruck empfangen, daß die Zeitströmung über die ursprünglichen Reformpläne Leonhardts hinwegging. Trotzdem hätte, bei Durchführung des neuen, aufgezwungenen Programms im einzelnen, eine anders geartete Natur nicht so ausschließlich die formale Vollendung des Werkes angestrebt, sondern energischer auf das Bedürfniß des Lebens Rücksicht genommen. — Ich brauche als Beispiel hier nur das Versäumnißverfahren unseres Gesetzes aufzuführen; es ist schlechthin eine Erfindung von Leonhardt, die im Anwaltsprocesse eine gewisse Folgerichtigkeit für sich hat, im Parteiprocesse dagegen mir völlig unzulässig erscheint (vgl. oben den Text S. 135 u. Anm. 66).

9. Bähr, „Die Proceßenquete“ (vgl. oben Anm. 4), S. 1.

10. Die bezogenen Aussprüche von Wach finden sich in dessen Abhandlungen: „Der Entwurf einer deutschen Civilproceßordnung“. Krit. Vierteljahrsschr. Bd. 14 (1872), S. 604, 606; „Die Mündlichkeit in dem Entwurf der österreichischen Civilproceßordnung“, Leipzig 1895, S. 53, 54,

und in den „Vorträgen über die Reichscivilproceßordnung“, 2. Aufl., Bonn 1896, S. 181.

11. Für die Anrufung des Reichskammergerichts bestand ursprünglich keine Appellationssumme. Eine solche wurde zuerst festgesetzt in der Wormser Ordnung von 1521, und zwar in Höhe von 50 Gulden Hauptguts. Erhöht wurde dieser Betrag danach, wie folgt: 1570 (Speyrer Rchs.Absch.) auf 150; 1600 (Rchsdep.Absch.) auf 300 Gulden; endlich 1654 (J.R.A., § 112) auf 400 „Reichs-Thaler“ (nicht „Gulden“, wie bei Schröder, 1. Aufl. S. 786 n 16 angegeben ist).

12. Deutsche Justiz-Statistik, bearb. im Reichs-Justizamt, Jahrg. X, 1901, S. 117. — Im Text sind nur die „ordentlichen Processe“ berücksichtigt. Die Bewegung — nach Tausenden dargestellt — ist folgende: im Jahre 1881: 115, danach sinkt die Ziffer bis auf 106, und erst im Jahre 1889 wird der Stand von 1881 (115) wieder erreicht. Von 1890 ab ist die Steigerung ziemlich constant: 127; 140; 149; 146 (1893); 150; 144 (1895); 146 (1896); 155; 167; 177 (1899); 176, 915, — (im Text unrichtig 175, 915). — Die Steigerung von 1881, oder richtiger von 1889 ab bis 1899 incl., läßt sich also mit rund 54 auf Hundert veranschlagen.

13. Die dem Text zu Grunde gelegten ziffermäßigen Schätzungen sind entnommen den Ausführungen des Staatssecretärs Nieberding in der Reichstagsverhandlung vom 3. Mai 1898 (495) einerseits, und andererseits: der Abhandlung von Otto Fischer „Die Reform des Rechtsmittels der Revision im Civilproceß“, Jahrb. f. d. Dogmatik, Bd. 38, VII, S. 275.

14. a. a. O. (vorstehend Anm. 13), S. 356 u. 357.

15. In dem Aufsatze „Das deutsche Reichsgericht“, Jahrb. f. d. Dogmatik, Bd. 24, I, S. 15; vgl. hierzu Bähr „Noch ein Wort“ (oben Anm. 4), S. 356 ff. Auch Bähr, den Henrici angreift, vertritt nicht etwa eine Formalisirung der Revision, wie Fischer (vgl. insbesondere a. a. O. S. 306 ff.) sie zu § 516 (554) vorschlägt. Bähr und Henrici sind nur über das Maß der Anwendung des freien Revisionsrechts zum Theil verschiedener Meinung. Bähr referirt selbst über die preußische Instruction vom 7. April 1839 (Nichtigkeitsbeschwerde), welche ausgesprochen hatte: „Wenn das angefochtene Urtheil zwar einen Rechtsgrundsatz verletzt, aber nicht dieser von dem Imploranten ausdrücklich angefochten und hervorgehoben, sondern irgend ein anderer als verletzt angegeben, und diese angegebene Verletzung nicht begründet gefunden wird, so darf das Erkenntniß nicht vernichtet werden.“ Dies habe zu einer unbefriedigenden Praxis geführt. In der Verordnung v. 24. Juni 1867 wurde dann die „beengende Vorschrift" der Instruction v. 1839 nicht wiederholt, es hieß jetzt nur, die Nichtigkeitsbeschwerde könne „darauf gegründet werden, daß das Erkenntniß einen Rechtsgrundsatz verletze". Bähr bemerkt hierzu: „so war es nahe gelegt, daß in der That das O.A.Gericht durchweg zu einer freieren, dem Geiste der Sache mehr entsprechenden Praxis sich verstanden hätte. Ich selbst habe diese freiere Ansicht — jederzeit vertreten und — vertheidigt". — Preußen hat also die Formalisirung des Rechtsmittels nach französischem Muster gehabt, dieselbe aber nach ungünstigen Erfahrungen damit, später wieder aufgegeben.

16. Vgl. Olshausen, Kommentar, zu § 336 d. Strf.G.B. Nach der herrschenden Ansicht entscheidet das Urtheil des erkennenden Richters (also der Strafkammer) darüber, ob objectiv eine Rechtsnorm verletzt sei; und für eine solche Entscheidung hat die Rechtsansicht des Reichsgerichts selbstverständlich keine verbindliche Kraft. Es wird aber sogar die Auffassung vertreten, „daß der Richter bei Auslegung eines kontroversen Rechtssatzes das Recht beuge, sobald er gegen seine subjective Überzeugung, jedoch in Übereinstimmung mit der herrschenden Meinung bezw. mit der Rechtsprechung des höchsten Gerichtshofes, Recht spreche."

17. Schmidt, Lehrb. S. 410, sagt allerdings: „dem Gerichtsschreiber liegt also hier die Initiative ob, so daß in diesen Fällen grundsätzlich das Princip des Parteibetriebs mit dem Princip des Official-, Gerichtsbetriebs in Konkurrenz tritt." Ich bin mit Stein (Kommentar, zu § 196 u. § 168) der Ansicht, daß die Zustellung „unter Vermittelung des Gerichtsschreibers" gesetzlich als Zustellung im „Parteibetriebe" aufzufassen ist, und daß deshalb Schmidts Angriff gegen die von der Novelle vorgenommene Eintheilung der Zustellungsmaterie (Ergänzungsheft zum Lehrb. S. 50) nicht zutrifft.

18. Schmidts Referat, Lehrb. S. 410, erscheint mir nicht genau. Die im Text von mir wörtlich wiedergegebene Reichstagsresolution geht keineswegs dahin, „daß die Zustellung im Gerichtsbetrieb auch für den Landgerichtsproceß wieder als Regel aufgenommen werden solle". Die Resolution ist zunächst nur ganz allgemein auf Verbesserung des Zustellungswesens gerichtet. Vierhaus hat danach in der Zeitschr. f. C.P. Bd. 15, S. 463 ff., S. 475, dargethan, daß die Vorschläge, die der ursprüngliche Antrag Rintelen zur Geltung gebracht hatte, nicht so „außerordentlich leicht" mit dem Gesetze in Einklang zu bringen seien.

19. Vgl. hierzu Schmidt, Ergänzungsheft S. 50, 51 u. oben Anm. 17. Stein, Kommentar zu § 208.

20. Auch für die Aufrechnungserklärung im vorbereitenden Schriftsatze kommen die im Text erhobenen Bedenken zur Geltung. Die nicht in der mündlichen Verhandlung wiederholte Aufrechnungserklärung bleibt „im Proceß unberücksichtigt, unbeschadet jedoch ihrer materiell-rechtlichen Wirkungen", vgl. Schollmeyer, Recht d. Schuldvh. S. 327. Der Erklärung im vorbereitenden Schriftsatze können freilich civilrechtliche Wirkungen anhaften. Es ist das eine Thatfrage, die aber selten genug zu bejahen sein würde!

21. Verhandlungen des 26. deutschen Juristentages, Bd. 1, S. 125 ff.

22. Vgl. die oben Anm. 4 angeführten Schriften und dazu Bährs Abhandlung „das Rechtsmittel zweiter Instanz im deutschen Civilproceß", Jena 1871. Damals bereits, 6 Jahre vor dem Zustandekommen der Civilproceßordnung, hat der erfahrene Processualist gewarnt: „Die Mündlichkeit als Element des Processes ist von entschiedenem Werth; als Princip des Processes ist sie ohne Werth. Als Princip entbehrt sie der inneren Wahrheit. Ihr diese geben wollen, hieße in die ersten Anfänge der Rechtsbildung uns zurückversetzen. Formen aber, die sie nur äußerlich zur Wahrheit zu machen bemüht sind, werden diesen inneren Widerspruch stets durchfühlen lassen" (a. a. O. S. 67).

23. Dtsche Jur.-Ztg., Jhrg. III, S. 17. — Auch die badische Proceßordnung v. 1831 kannte die facultative Mündlichkeit, und § 492 der heutigen österreichischen Proceßordnung bestimmt: „Die Parteien können auf die Anordnung einer Tagsatzung zur mündlichen Verhandlung über die Berufung verzichten".

24. Von besonderem Interesse ist mir in dieser Richtung der Aufsatz von Schmitz in der Dtsch. Jur.-Ztg., Jahrg. VII, S. 208 ff. Es wird bedauernd anerkannt, daß man außerhalb der Rheinlande auf die rechte Mündlichkeit garnicht bestehe. „In der That stellt diese Mündlichkeit den Sachverhalt erst her." „Im übrigen will diese Mündlichkeit gesehen, beobachtet, gelobt werden." — „Man könnte — an eine Beschränkung der Mündlichkeit denken" — „Aber wie denkt man sich denn die Sache? Soll sie etwa so verlaufen, daß die Bildung und Herstellung des Streitstoffes aus dem Plaidoyer in die Schriftsätze verlegt wird? Wir hätten dann — die mündliche Schlußverhandlung. Die Mündlichkeit als solche wäre nicht beschnitten, sondern beseitigt. Es gälte, um mit Goldenring zu reden, Scheinmündlichkeit."

Darauf ist eben nur zu erwidern: auf „die Mündlichkeit“ kann es uns nicht mehr ankommen, seitdem sie sich, vom Rhein abgesehen, in Deutschland nicht bewährt hat. Wir haben auch jetzt nicht mehr als Scheinmündlichkeit, und eine auf ausgiebige Schriften gestützte „mündliche Schlußverhandlung“ dürfte nur für den rheinischen Juristen ein Schreckbild sein.

Der Verfasser fährt dann fort: „Soll aber die Mündlichkeit bleiben, und, wie ich noch immer hoffe, auch in das rechtsrheinische Deutschland ihren Einzug halten, so muß und kann vieles geschehen.“ — Mit wirklicher Mündlichkeit ist nur das Rollensystem vereinbar, das bei sonstiger entsprechender Gestaltung des Milieus, indem es allein den Advokaten eine geordnete Disposition über ihre Zeit gewährt, von selbst dafür sorgen wird, daß immer genug bereite Sachen vorhanden sind.“

Ich glaube nicht, daß jene Hoffnung des Verfassers sich verwirklichen werde. Mit überaus ansprechender Ruhe und Sicherheit, mit voller Überzeugung von dem Werthe des rheinischen Verfahrens ist der gewiß sehr lesenswerthe Aufsatz geschrieben. — Aber — die Ausführungen sind uns unverständlich, sie bleiben uns fremd. Und fremd ist uns selbst die Schreibweise: „Milieu“, „Plaidoyer“, „Surplus“-Arbeit (S. 211)!

25. Entwurf einer Deutschen Civilproceßordnung nebst Begründung. 1871. S. 206, § 2.

26. Vgl. „400 Jahre“, S. 615 ff., 704, 722, 723.

27. Leonhardt, Die Justizgesetzgebung des Königreichs Hannover, Bd. 2, Die bürgerliche Proceßordnung, S. 90, 91; u. vgl. dazu „400 Jahre“, S. 618.

28. K. Schneider, Der Mißstand der überreichlichen Terminsvereitlungen bei den deutschen Kollegialgerichten und seine Beseitigung, München 1901, S. 53, 54. A. M. Rassow in der Besprechung obiger Schrift: Gruchot, Beiträge, Jahrg. 46, S. 195. — Aber wird hierbei nicht doch verkannt, daß die Durchführung der gesetzlichen „reinen“ Mündlichkeit geradezu unmöglich ist, wenn anders ein beschäftigtes Kollegialgericht die Streitsachen nur einigermaßen rasch erledigen soll? Und steht es hier anders als mit der „Unmittelbarkeit“, die auf Grund einer gewiß unrichtigen Auslegung des § 375 Z. 2 der C.P.O. für die Aufnahme des Zeugenbeweises bei den Kollegialgerichten nur noch ganz ausnahmsweise zur Durchführung kommt? — Es ist eben ein Nothstand! Wenn das theoretisirende, unpractische Gesetz buchstäbliche Anwendung fände, so würde unsere Rechtspflege ihre Aufgaben nicht mehr erfüllen können!

29. Wach, Die Civilproceßordnung (s. oben Anm. 4), S. 36, 37, 38.

30. Wach, Die Novelle zur Civilproceßordnung, Dtsch. Jur.-Ztg., Jahrg. III, S. 67, 68.

31, 32. Kommissionsbericht (336 und 339).

33. Stein, Der erste Verhandlungstermin nach der neuen Civilproceßordnung. Dtsch. Jur.-Ztg., Jahrg. V, S. 35.

34. So auch Stein in der vorstehend angeführten Schrift, S. 35.

35. Die neue Justizgesetzgebung des Königreichs Württemberg. Amtliche Handausgabe, Civilproceßordnung, Motive, Stuttgart 1869, S. 159.

Mir ist gelegentlich vorgehalten worden (Krit. Vierteljahresschr., Bd. 40, S. 376), daß in den „400 Jahren" sich „seitenlange Auszüge" aus gesetzgeberischen Materialien fänden. Nun habe ich oben im Text wieder, und zum Theil sogar zum zweiten Male, solche seitenlange Auszüge gebracht. Ich finde das selber nicht gerade schön, aber ich wüßte nicht, wie ich's anders machen sollte! Wer hat denn heutzutage „die neue Justizgesetzgebung" von Württemberg gleich zur Hand? Denen, die über den „Vortermin" im Reichstage, in der Kommission, in der Presse gestritten haben, war jene Gesetzgebung doch nicht bekannt. Ein einfacher Hinweis auf Paragraphen und Seitenzahlen würde doch wohl zu starke Zumuthung an die Zeit des Lesers stellen, dem die Durchsicht des „Auszuges" nur geringe Mühe macht.

36. Vgl. „400 Jahre", S. 390 ff., speciell S. 392, 457, 461 ff. — Mit besonderer Genugthuung darf ich hier hervorheben, daß Ernst Heymann, ein Kenner der preußischen Rechtsentwicklung, wenigstens soweit diese in Betracht kommt, meinen Ausführungen zustimmt: Deutsche Litt.-Ztg., 1902, S. 562 ff. Gewiß ist damit nicht ausgeschlossen, daß, wie Heymann darlegt, „daneben auch der Verwaltungsproceß, insbesondere das Kammerjustizverfahren einen — vielleicht vom Ressortgegensatz verschleierten — Einfluß auf die Entwicklung gehabt hat." Auch die Ausführungen auf S. 563 über die Verwendung der „Ausdrücke der Klementine" auf den damaligen „unbestimmt summarischen, planarischen Proceß", die „Gerichte in Bauern- und ähnlichen Sachen" — geben meiner allgemeinen Bemerkung („400 Jahre", S. 393) eine erfreuliche Bestätigung. — Eine sichere Feststellung des Einflusses, den die Clem. Saepe auf jene Bewegung von unten herauf gehabt haben mag, — wird für uns heute kaum noch möglich sein. Ich meine, daß die Kenntniß der päpstlichen Gesetzgebung es dem damaligen gelehrten Gesetzgeber nur erleichtert hat, der einheimischen Rechtsbildung entgegenzukommen. — Briegleb, „Einl. in d. Theorie der summ. Processe" hat bekanntlich den Satz zur Geltung gebracht, daß das Proceßsystem der Clem. Saepe in Deutschland an die Stelle des alten ordo judic. getreten oder der „ordentliche Proceß" des neueren Rechts geworden sei. — Ich möchte das nicht so unbedingt zugeben, ich halte es für wahrscheinlich, daß die Anschauung des damaligen naiven untergerichtlichen Verfahrens, das sich auf nationaler Grundlage gestaltete, doch auch hierbei einen Antheil gehabt habe.

37. Die Novelle zur Civilproceßordnung (Dtsch. Jur.-Ztg., Jahrgang III), S. 32. Jastrow fügt selbst hinzu: „Allerdings bedürfte der Vorschlag auch einer sorgsamen Ausgestaltung mehrerer Einzelheiten (Form des Einspruchsverfahrens, ausnahmsweise Gestattung sofortiger Ladung vor das Landgericht — u. a)." Wer meinen Ausführungen im Text, S. 164 ff., beitritt, wird auch zugeben, daß die auf sorgfältigste Erwägung solcher Einzelheiten gerichtete Arbeit eine dankbare sein wird!

38. Entwurf einer deutschen Civilproceßordnung nebst Begründung, 1871, S. 208: „Die Geschichte der Proceßgesetzgebung in bürgerlichen Rechtsstreitigkeiten beweist unwiderleglich den Satz, daß die weitläuftigen Formen einer ordentlichen Procedur im Laufe der Zeit durch die einfachen Formen einer beschleunigten Procedur verdrängt wird." — „In dieser geschichtlichen Entwicklung liegt für jeden Gesetzgeber eine wichtige Lehre, welche er nicht übersehen darf, wenn er dem Verkehrsleben seines Volks die gebührende Rücksicht gewähren will" (!)

39. In Grünhuts Zeitschrift f. d. Priv. u. öff. Recht, Bd. XXVIII, S. 513—568.

40. „Soll die Vollstreckung eines vorläufig vollstreckbaren Urtheils zum Schadensersatz verpflichten?" (Dtsch. Jur.-Ztg., Jahrg. III, S. 58, 59).

41. Vgl. Brunner, Deutsche Rechtsgeschichte, I, S. 184, II, S. 519 ff.

42. Vgl. Briegleb, Geschichte des Executiv-Processes, S. 36 ff., — Kohler, Ges. Beiträge zum Civilproceß, S. 460 ff.

43. Vgl. auch Code de proc. civ. 439, dazu aber Glasson Précis théorique et pratique de procedure civile, Paris, 1902, S. 398 ff., insbes. S. 402 n. 4.

44. Der französische Friedensrichter entscheidet heute endgiltig in Sachen bis zu 100 Frcs., vgl. Glasson, I, S. 46.

45. Hahn, Materialien zu den Reichs-Justizgesetzen, Bd. II, Civilproceßordnung S. 76, die weiter auf S. 89 u. 90 bezogenen Stellen finden sich ebendort S. 427, 798, 799, 1125, 1129, 1187, 1191.

Von einem Kommissionsmitgliede war in der letzten Verhandlung sogar vorgeschlagen worden, die vorläufige Vollstreckung schlechthin bis zu 500 M. zuzulassen, doch fiel dieser Vorschlag, gegen den auch Lasker „kein erhebliches Bedenken" hatte. Nur Bähr hob abermals hervor: „ein Zustand, wonach jedes Urtheil bis zu einer relativ hohen Summe vollzogen, gleichzeitig aber durch ein zugelassenes Rechtsmittel die Verurtheilung rückgängig gemacht werden könne, und nun der Verurtheilte, wenn er sein Geld haben wolle, oft in die schwierigste Lage komme, enthalte für das Rechtsbewußtsein etwas tief Verletzendes (ebd. S. 1190).

46. Nach deutschem Proceßrechte waren Anerkenntnißurtheile vielfach überhaupt nicht anfechtbar, und ebenso waren nicht überall Läuterungsurtheile üblich: es genügte das Protokoll über die vollzogene (oder verweigerte) Eidesleistung. Nach französischem Rechte (Code d. pr. c. 135, Z. 7) l'execution provisoire pourra ètre ordonnée avec ou sans caution lorsqu'il s'agira — de pensions ou provisions alimentaires (vgl. Glasson, a. a. O., S. 402).

47. Der Gesetzgeber war sich klar darüber, daß der „Einspruch" leicht zu Verzögerung des Processes benutzt werden könne. Um diesem von ihm selbst verschuldeten Mangel der Einrichtung zu begegnen, erklärte er zweite und fernere Versäumnißurtheile im selben Processe schlechthin für vorläufig vollstreckbar. Das schießt übers Ziel hinaus: absichtliche Proceßverzögerung, die aber keineswegs immer vorzuliegen braucht, kann danach unter Umständen mit Verlust des Proceßgegenstandes, bezw. mit unersetzlichem Nachtheil bestraft werden.

48. Österr. Executionsordnung, §§ 370 ff., 378 ff., u. Civilproceßordnung, § 555 ff., Wechselsachen.

49. Mir scheint daher die Vorschrift des § 708, Z. 4, soweit im Urkundenprocesse erlassene Urtheile in Betracht kommen, nicht richtig: der Richter hätte nach Lage des Falles zu entscheiden (vgl. Schultze a. a. O., S. 555).

50. „400 Jahre", S. 747, 748.

51. v. Lang, „Die wesentlichsten Mängel der deutschen Reichs-Civilproceßordnung und Vorschläge zu ihrer Revision", Tübingen 1897,

S. 3. Der Verfasser, der sich übrigens auch für Einschränkung des Anwaltzwanges ausspricht (S. 24 ff.), schlägt (S. 22) vor: „Der Proceßbetrieb durch die Parteien und die Zustellungen nur auf Antrag (insbesondere auch die Ladungen der Parteien durch den Gegner) werden aufgehoben; der Proceßbetrieb erfolgt durch das Gericht, die Erhebung der Klagen und der Rechtsmittel geschieht schon durch die Einreichung der Schriften (sodaß schon hierdurch die Fristen gewahrt sind). Die Zustellungen erfolgen alle von Amtswegen."

52. Vgl. Stenogr. Bericht über die Verhandlungen des Reichstages, VIII. Legisl.per., 1. Session, Bd. I, S. 440.

53. Aber solche Empfindlichkeit und Gereiztheit kommt auch gelegentlich ohne Grund zur Geltung, sobald es sich um gesetzgeberische Fragen handelt, die auf Abänderung des bestehenden Proceßrechts abzielen. Das dient sicher nicht zur Förderung der Sache, die doch eine ernste und wichtige ist. Ich verweise z. B. auf den Aufsatz von Max Jacobsohn: „Richterrecht und Parteibetrieb im Civilproceß" (in der Vossischen Zeitung vom 5. April 1902 Nr. 157). Dem Berichterstatter des Juristentages wird Befangenheit, den Beamten der Justizverwaltung Unkenntniß vorgeworfen: die Anwälte selbst stehen vollkommen unschuldig da, — es wird nur von Justizverwaltung und Gerichten noch zu wenig Rücksicht auf sie genommen. (!) Der Artikel fordert zum Schluß alle „diejenigen, die Freunde der freien Advokatur und Feinde staatlicher Bevormundung sind" auf, „die Augen offen zu halten." Neukamps Vorschläge seien eine Etappe auf dem Wege zum Angriff gegen die freie Advokatur, in Zukunft würden „der Anwaltzwang und die freie Advokatur" angegriffen werden, man werde „die Anwaltschaft wieder in den engen Rahmen der konzessionirten preußischen Rechtsanwälte" einzwängen, — der numerus clausus habe sich beim Reichsgerichte nicht bewährt u. s. w.

Ich wüßte nicht, was die nüchterne Frage, ob Parteibetrieb oder nicht, mit dem „Anwaltzwang" oder gar mit „freier Advokatur" oder „numerus clausus" zu thun hätte! Der Verfasser hält aber zumal „Anwaltzwang" und „freie Advokatur" nicht gehörig auseinander! An die Beseitigung der „freien Advokatur" (die in großen Städten aber immerhin zuweilen Mißstände herbeiführt) denkt doch wohl zur Zeit Niemand. Auch ich bin für „freie Advokatur", nicht aber für die Freiheit nur auf Seite des Anwaltstandes — bei gleichzeitiger Bindung der Parteien an die Anwälte. Das gewaltige Monopol des übertriebenen Anwaltzwanges schädigt vielmehr die rechte Freiheit der Advokatur. Und wenn unser Anwaltstand sich principiell jeder Einschränkung des Anwaltzwanges entgegenstemmen wollte, so läge es nahe, zu folgern, daß der Stand sein Ansehen, seine „Freiheit“ für abhängig halte von unverändertem Fortbestehen der derzeitigen gesetzlichen Bestimmungen über den Anwaltzwang. Eine solche Auffassung erscheint mir völlig unbegründet. Ich würde sie aber auch für bedauerlich halten, denn sie würde darthun, daß unserem Anwaltstande das sichere Selbstbewußtsein fehlt, das doch die Grundlage aller „Freiheit“ bildet.

54. Bähr, „Das Rechtsmittel zweiter Instanz im deutschen Civilproceß,“ Jena 1871, S. 43.

55. So z. B. Rintelen (199), Trimborn (232), Lenzmann (245).

56. Ich verweise bspw. auf die Aussprüche v. Buchkas (220, 221); Gamp's (202, 203); Lenzmann erklärte wenigstens Einschränkungen im Sinne des Vorterminvorschlages für zulässig (248).

57. Trimborn (234).

58. Es ist mir in der That völlig unverständlich, wie unsere Gesetze zu solchen Bestimmungen kommen konnten, die für die rechtsuchende Partei geradezu demüthigend sind. Die Motive zum Entwurf der R.A.O. führen aus: „Eine Verpflichtung zur Annahme (des Vertretungsantrages) besteht nicht, jedoch gehört es zum nobile officium des Anwalts, daß er seine Berufsthätigkeit nicht ohne triftigen Grund versagt.“ — Damit ist nichts begründet. Im Gesetze ist nur das freie Ablehnungsrecht des Anwalts festgelegt, was nützt den abgewiesenen Parteien das in den „Motiven“ versteckte „nobile officium“? Und welch' merkwürdige Regelung der Verhältnisse gerade des Anwaltstandes, der gesetzliche Pflichten nicht, nur ein „nobile officium“ haben soll. Und was ist mit den Worten „triftiger Grund“ gemeint? Mögen die Vorschriften auch dem richtigen Wunsche nach „Hebung“ des Anwaltstandes entsprungen sein, im letzten Erfolge dürften sie leicht zu einer „Selbstüberhebung“ des Standes führen. Warum ist es nicht bei der gemeinrechtlichen Pflicht, jede „nicht ungerechte“ Sache zu führen, geblieben? — Oder hat man gemeint „freie Advokatur“ nur in dieser Weise durchführen zu können?

59. Dieselben Ausführungen sind auch in der Kommissionsberathung vorgebracht worden (332).

60. Über diese französische Einrichtung berichtet Glasson a. a. O. (oben Anm. 43), S. 411, 412, wie folgt: „La reduction des qualités faite par l'un des avoués, le plus souvent par l'avoué du gagnant, n'est pas définitive; elle doit être controlée par l'avoué de l'adversaire, le plus souvent du perdant. Il peut arriver, en effet, que l'avoué rédacteur des qualités ait omis, avec ou sans intention, des points faibles de sa prétention qui pourraient donner lieu à un appel; de même il peut avoir attribué au perdant des qualités que celui-ci n'a pas prises dans ses conclusions, comme par exemple la qualité d'héritier pur et simple; de même encore, il peut avoir modifié les conclusions du perdant." — Die Schilderung ist in der That höchst anziehend: auch nach ergangenem Gerichtsspruche wird mit allerlei List der „Krieg" fortgesetzt! — „L'avoué du gagnant signifie à celui du perdant, par acte d'avoué à avoué, une copie du projet des qualités, et l'original de ces qualités reste pendant vingt-quatre heures entre les mains de l'huissier — — une fois les vingt-quatre heures écoulées sans opposition de la part de l'avoué du perdant, l'avoué du gagnant peut remettre au gréfier l'original des qualités pour obtenir copie du jugement. Par la réunion de la minute et des qualités, le jugement est maintenant complet (!) — Il va sans dire, que les parties peuvent, si elles le préfèrent, se régler amiablement entre elles et sans comparaitre devant le juge. — Mais si les parties ne se mettent pas d'accord, alors le juge intervient pour maintenir ou modifier les qualités après avoir reçu les observations des parties; c'est ce qu'on appelle le règlement des qualités." — „La jurisprudence a maintes fois décidé que, sauf le cas de force majeure, le règlement des qualités doit être fait a peine de nullité du jugement par un des juges qui ont connu de l'affaire et qui seuls sont en état d'apprécier, sans nouvelle instruction, si le projet des qualités est ou non exact. Mais, tous les jours encore, les tribunaux oublient ce principe et c'est par centaines que des jugements sont annulés pour règlement des qualités par un juge étranges à l'affaire" — Also: der nach Verkündigung des Urtheils von den Anwälten gefochtene Kampf um möglichst günstigen „Thatbestand" wird schließlich erledigt von einem Richter, der an der Entscheidung garnicht theilgenommen hat, und das zwar deshalb, weil die Gerichte einen wichtigen Proceßgrundsatz — „vergessen"! — Ich denke, dieses Beispiel zeigt zur genüge, wie verschieden die Ansprüche sind, die bei uns und in Frankreich an die Rechtspflege gestellt werden.

61. Auch Schultze. a. a. O. (Anm. 39), S. 528, 529, stimmt der durch § 264 n. F. gegebenen Erweiterung des Rechts zur Klageänderung vollkommen bei. — Dagegen scheint mir die Abänderung des § 527 (489) nicht glücklich. Besonderes Bedürfniß dazu lag wohl nicht vor. Die „Begründung" (112) bemerkt: „Es geht nicht an, die Rechtslage des Beklagten dadurch zu beeinträchtigen, daß ihm wider seinen Willen eine Instanz entzogen wird. Wohl aber kann, abweichend vom geltenden Rechte, die Klagänderung wenigstens dann zugelassen werden, wenn der Beklagte einwilligt. Das öffentliche Interesse an der Ordnung des Instanzenzuges hat in diesem Falle gegen den übereinstimmenden Wunsch der Parteien, die Sache in dem anhängigen Rechtsstreite zum Austrag zu bringen, unbedenklich zurückzutreten." — Mir scheint das nicht so „unbedenklich", denn der Fall, daß die Parteien im Einverständniß das Oberlandesgericht als erste Instanz anrufen, läge doch im Grunde nicht anders, der Erfolg könnte ja auch durch einen vorausgeschickten Scheinproceß vor dem Landgerichte erzwungen werden. Conventionalproceß vor den Staatsgerichten ist in keiner Form zu begünstigen, auch widerspricht dem neuen § 527 die Fassung der §§ 38 u. 545 C.P.O., bezw. 123 G.V.G. — Ich halte den früheren, auch von der österr. Civ.Proc.Ordn. (§ 483 Abs. 3) übernommenen Grundsatz: „Eine Änderung der Klage (in der Berufungsinstanz) ist selbst mit Einwilligung des Gegners unstatthaft", für correcter.

62. Die Praxis! — Wie sehr in der Theorie die Meinungen über die richterliche Fragepflicht, bezw. das richterliche Fragerecht auseinandergehen, das zeigt Schneider: „Über richterliche Ermittlung und Feststellung des Sachverhalts im Civilprocesse", Leipzig 1888, in der übersichtlichen Literaturzusammenstellung auf S. 103 ff.; den Schluß bildet Wach, auch in der 2. Auflage der „Vorträge", S. 75, abgedruckte Ausführung: „Es liegt auf der Hand, daß das richterliche Fragerecht eine starke Versuchung zum Mißbrauch, zur Verletzung der Verhandlungsmaxime in sich birgt. (!) Es kann geschehen, daß durch Suggestivfragen Vertheidigungs- oder Angriffsmittel suppeditirt werden, oder die Frage in ein inquisitorisches Verhör ausartet. Der Schutz, den § 131 (140 n. F.) bietet, ist ziemlich illusorisch. Die Frage, welche beanstandet wird, ist als solche heraus, und hat sie einen Rechtsbehelf an die Hand gegeben, so wird dieser von der Partei gebraucht werden, auch wenn die Frage selbst nachträglich für unzulässig erklärt werden sollte." — — Wie das alles aus den §§ 136 u. 139 C.P.O. sich ergeben und jetzt gar mit den Vorschriften des B.G.B. §§ 157, 162 u. s. w. in Einklang gebracht werden soll, ist mir nicht verständlich.

63. Vgl. „400 Jahre", S. 721 ff.

64. Vgl. das Gesetz vom 30. Juli 1883, Abschnitt II, Verwaltungsstreitverfahren §§ 63 ff.

65. Die „Begründung" der Reichstagsvorlage, betr. die Gewerbegerichte vom 6. Mai 1890 spricht sich immerhin noch recht zurückhaltend aus: Es „kommt in Betracht, daß die betheiligten Personen vielfach einen sehr geringen Grad von Geschäftsgewandtheit besitzen, während eine Unterstützung derselben durch rechtskundige Vertreter oder Beistände im Allgemeinen weder thunlich noch wünschenswerth ist. Wenn es hiernach geboten erscheint, möglichst von Proceßvorschriften abzusehen, welche die freie Bewegung des Gerichts einengen und an die Selbstthätigkeit der Parteien besondere Anforderungen stellen, so muß doch andererseits im Interesse der Gleichmäßigkeit des Verfahrens und zum Schutze der Parteirechte eine Formlosigkeit vermieden werden, welche die subjective Willkür des Gerichts an die Stelle geordneter Grundlagen des Verfahrens setzt (vgl. 1890, I. Session, S. 26).

66. Vgl. hierzu die „Verhandlungen des 24. deutschen Juristentages", und zwar: Gutachten, Bd. 2 S. 170—172 (E. Koffka) und darüber: Vierhaus, in der dtsch. Jur.-Ztg., III. Jahrg., S. 359; sowie die stenograph. Berichte über die Verhandlungen des Juristentages, S. 230, 231.

67. Schmidt, Lehrb. S. 198, referirt, daß das Versäumnißverfahren vor den Gewerbegerichten „wesentlich das gleiche sei, wie im ordentlichen Proceß". — Das erscheint mir nicht zutreffend: § 41 des G.G.G. vom 29. Juli 1890 beseitigt doch ausdrücklich den einschneidenden, für das Versäumnißverfahren so charakteristischen § 332 C.P.O.

68. Es ergingen für Preußen:

1709. Kammergerichtsordnung für die Mark Brandenburg.
1748. Project des Codicis Fridericiani Marchici.
1781. Corpus Juris Fridericianum, Buch 1, Proceßordnung.
1793/95. Allgemeine Gerichtsordnung für die Preußischen Staaten.
1833. V.O. über den Mandats-, den summarischen u. d. Bagatellproceß.
1846. V.O. über das Verfahren in Civilprocessen.
1877/79. Reichscivilproceßordnung.

Es handelt sich also um einen Zeitraum von 170 Jahren, in den sich zu theilen haben: 4 bezw. 6 Proceßgesetze.

69. „Zeit- und Geistesströmungen im Processe." Vortrag, gehalten in der Gehe-Stiftung zu Dresden am 9. November 1901. — Dresden 1901, S. 30 (82).

70. Materialien zu den neuen österreichischen Civilproceßgesetzen, herausgegeben vom k. k. Justizministerium. Wien 1897, Bd. I, VIII. Bericht des Permanenzausschusses des Abgeordnetenhauses, S. 741.

71. a. a. O. (vgl. oben Anm. 30), S. 69.

72. Deutsche Justiz-Statistik, Jahrg. X, S. 116, 117.

73. Die Forderung ist nicht neu: Gierke, Zeitschr. f. dtsch. Civilproceß, Bd. XXIV, S. 456, schreibt: „Volksthümlich ist (unser geltender Civilproceß) — nicht. Und am wenigsten ist er social. Wer daran zweifelt, vergleiche nur die Stimmen, die über ihn laut werden, mit der so viel günstigeren Beurtheilung, die manches von seinen doktrinärsten Fesseln befreite sondergerichtliche Verfahren, das Verfahren vor den Gewerbegerichten, das Verwaltungsstreitverfahren u. s. w. im Volke findet." Und in Fischers „Bemerkungen zur Civilproceßnovelle", Jahrb. f. d. Dogmatik, Bd. 38, VIII, findet sich (S. 359, 360) folgende Ausführung: „Daß die Gelegenheit zur Beseitigung unseres ganz vorsündfluthlichen Eidesrechts nicht benutzt ist, erscheint bedauerlich, aber bei den bestehenden Schwierigkeiten begreiflich. Dagegen ist nicht recht zu verstehen, warum nicht die Verbesserungen, welche der Parteiproceß vor den Gewerbegerichten schon durch das Gesetz vom 29. Juli 1890 erlangt hat, nicht auf die Amtsgerichte übertragen sind. Ich denke namentlich an die Durchführung des Officialbetriebes (§§ 30, 31, 33), obligatorischen Sühneversuch und Erscheinen der Parteien (§§ 39, 40), Urtheilsfällung in Abwesenheit der Parteien (§ 41) und Unanfechtbarkeit des Zwischenurtheils über den Grund des Anspruchs (§ 50). Schon jetzt läßt sich bemerken, daß die außerhalb des Rahmens der Justizverwaltung stehenden Sondergerichte (Gewerbegerichte, Schiedsgerichte u. s. w.) sich einer größeren Beliebtheit erfreuen, als die ordentlichen Gerichte. Möge es unseren Amtsgerichten nicht ergehen, wie dem römischen Stadtprätor, dem von seiner einst allumfassenden jurisdictio ordinaria immer mehr abgegraben wurde, bis er sich zur Zeit Justinians mit einem winzigen Rest auf das Trockene gesetzt sah."

74. Bähr, „Noch ein Wort" u. s. w. (vgl. oben Anm. 4) S. 385 Anm. 1, S. 386, 387, giebt über diesen Punkt höchst drastische Schilderungen: auch im landgerichtlichen Verfahren komme es vielfach vor, „daß im ersten Termine die verklagte Partei in Person erscheint, um ihr Recht zu vertheidigen. Das Gericht habe sie ja selbst geladen. Und der Aufforderung „in der Klageschrift, einen Anwalt zu bestellen", braucht sie doch keine Folge zu geben! Was hat ihr der Kläger zu befehlen?" — Oder der Amtsrichter verlangt von der Klägerin, wenn sie Versäumnißurtheil beantragen wolle, Vorweis der Zustellungsurkunde. Die Klägerin hat die Papiere nicht mitgenommen: „Das Gericht hat ja alles in Händen. Was brauche ich da noch Papiere?" u. s. w. —

75. Abegg, „Versuch einer Geschichte der preußischen Civilprozeß-Gesetzgebung", Breslau 1848, § 27 (das Princip der A.G.O.) S. 121, 122: „Dort (im gemeinen Processe) ist eine durch die Beschaffenheit des Gegenstandes und die naturgemäße, von entsprechender Gesetzgebung anerkannte und unterstützte allmählige Entwicklung, welcher ein Princip innewohnt, das die nachfolgende Wissenschaft zum deutlichen Bewußtsein bringt und bestimmt ausspricht: hier (in der A.G.O.) im Gegentheil wird, nach langen Erwägungen und Vergleichen, ein Princip gewählt" — — „In jedem andern Gebiete des Rechts würde der Versuch, an die Stelle des der Sache immanenten Princips ein anderes beliebig zu setzen, entweder garnicht vorkommen können, oder, falls er stattfände, alsbald seine Vergeblichkeit, aber auch die Unnöthigkeit offenbaren; denn es ist hier eine Wahrheit und wahrhafte Grundlage, die man nur anzuerkennen aber nicht zu erfinden hat, die über jeder Gesetzgebung steht und der Willkür keinen Raum läßt". (!)

76. Vgl. z. B. die oben Anm. 62 bezogene Stelle aus Wachs Vorträgen.

77. Vgl. „400 Jahre" S. 390 ff., 733.

78. Vgl. 43. Jahresbericht — der Jur. Gesellschaft zu Berlin, S. 72.

79. a. a. O. (oben Anm. 69) S. 21 (73) — 23 (75).

80. Degenkolb, „Einlassungszwang und Urtheilsnorm", Leipzig 1877, S. 43.

Schneider, „Treu und Glauben im Rechte der Schuldverhältnisse des Bürgerlichen Gesetzbuches", München 1902, sagt (S. 225 not. 307): „Treu und Glauben" gehören überhaupt nicht in das Kampfesrecht das Civilprozesses, und in mehr als 25jähriger Thätigkeit in Prozeßsachen habe ich auch nie eine berechtigte Spur davon, höchstens sehr unangebrachte Nachsichtigkeiten des Gerichts zu Gunsten der einen, auf Kosten der andern Partei entdeckt." — Ich gebe ohne weiteres zu, daß in einem „Kampfesrecht" durchführenden Civilprocesse für „Treu und Glauben" wenig Raum bleibt; immerhin, auch das moderne Kriegsrecht billigt nicht jede Art von Angriff und Vertheidigung; der Proceß-„Krieg" könnte demgemäß auch mildernde Einschränkungen erfahren.

Aber ich bestreite eben, daß der Civilproceß nicht anders gedacht werden kann, denn als geregelter Kriegszustand. Die Bestimmungen des Proceßgesetzes für sich auszunutzen ist gewiß ein Recht der Partei, die Gesetzgebung aber hat ihre Proceßvorschriften so einzurichten, daß nicht auf Schritt und Tritt den Parteien die Kriegslist nahegelegt wird. Dankenswerthe Ansätze nach dieser Richtung weist die Novelle von 1898 bereits auf, z. B. die im Text besprochenen §§ 187 (vgl. oben S. 40) und 264 (vgl. oben S. 118). Die von Schneider ja auch nicht vertretene Ausführung von Wach über die unzulässigen richterlichen Suggestivfragen (oben Anm. 62) bringt m. E. den Gedanken des „Kampfesrechts" in „unbilliger" Weise zur Geltung. —

Grundlegend für die Einführung der bona fides in den Proceß muß der Gedanke der Wahrheitspflicht beider Parteien sein. Unsere C.P.O. weiß natürlich davon nichts. Aber die im § 178 der österr. Civ.Proz.Ordn. gegebene lex imperfecta hat doch Schneider selbst, als einer der ersten Freunde, die sich das Nachbargesetz bei uns erwarb, gerühmt! (Archiv f. öff. Recht Bd. IX S. 90, Pr.Jhrb. Bd. 77, S. 315, 316.)

81. Vgl. § 482 der österr. Proceßordnung und dazu die Bemerkungen in von Fürstls Kommentar; insbesondere aber Klein, „Vorlesungen über die Praxis des Civilprocesses", Wien 1900, S. 251 ff.

82. Vgl. die österr. Civ.Proc.Ordn. §§ 448, 452, 477, Z. 1—7.

83. Unsere Amtsrichter haben in ihrer Thätigkeit als Sühnevermittler erlauchte Vorfahren! Nicht ohne Grund hat doch wohl der große Römer die doppelte Thätigkeit der fürstlichen Richter hervorgehoben: inter. suos jus dicunt — controversiasque minuunt. — In unseren Städten hatte man schon vor der Reception ein „zum belehrungs- und schutzbedürftigen Manne aus dem Volke sich herabneigendes" Einzelrichterthum ausgebildet, das dem ersten Manne im städtischen Gemeinwesen zufiel, zum „Bürgermeisterampt" gehörte und nach der „Natur der Sache oft genug als autoritative Vergleichsstelle segensreiche Thätigkeit übte." Unsere Hansestädte haben noch im 19. Jahrhundert die „Dieleninstanz" der Bürgermeister oder delegirten Rathsherren („Prätoren") gekannt, auch dem Geringsten öffnete der hohe Stadtrichter sein eigenes Haus, wenn Rechtshilfe zu leisten war; vgl. meinen Aufsatz: „die Mitarbeit der Städte am deutschen Civilproceß" in den Pr.Jhrb. Bd. 94, S. 54 ff.

84. Daß die Justizgesetzgebung v. J. 1868/69 in Württemberg die erstinstanzlichen Oberamts- bezw. Stadt-Gerichte durchweg als Collegialbehörden mit Laienbeisitzern organisirte, ist bereits im Text S. 69 hervorgehoben, vgl. auch den vorstehend (Anm. 82) bezogenen Aufsatz S. 56 u. 57, und Schneider, „Landwirthschaftliche Schöffengerichte" in den Pr.Jhrb., Bd. 81 S. 319 ff. —

Mir will es (trotz der schroffen Ablehnung von Schmidt, oben S. 168) doch so scheinen, als ob der mittelalterliche Gedanke der corporativen Jurisdiction — vgl. Gierke, „Deutsches Genossenschaftsrecht", Bd. I S. 241, 397, 751 — in unserem Volke heute wieder aufzuleben strebt, wenn auch aus anderen Gründen, mit anderen Zielen und in sehr viel bescheidenerem Umfange: Die complicirten modernen Erwerbsverhältnisse, die überall specialisirtes Können und Wissen voraussetzen, zeitigen das Verlangen nach stets zuverlässiger Orientirung des Richters durch Berufs-, Fach-Genossen der Partei — in der Stellung als Laienbeisitzer. Und steckt nicht in dieser Bewegung doch auch eine gewisse Berechtigung?

85. Vgl. die oben, Anm. 65, abgedruckten Ausführungen der „Begründung" der Reichstagsvorlage, betr. die Gewerbegerichte vom 6. Mai 1890.

86. Die Dtsche.Jur.Ztg. Jahrg. VII, S. 160—165, bringt unter der gemeinsamen Ueberschrift „Kaufmännische Schiedsgerichte" Aufsätze von v. Frankenberg und Stranz. — v. Frankenberg wünscht die neugeplanten Sondergerichte mit den Gewerbegerichten zu verbinden, während Stranz dieselben dem Amtsgerichte angliedern will. — Was v. Frankenberg an Bedenken gegen letzteren Vorschlag vorbringt, dürfte sich in der Hauptsache durch die Ausführungen im Text erledigen.

Von meinem Standpunkte, der den Einzel-Interessenten alle bisherigen Vortheile lassen, zugleich aber auch das Interesse des Staates wahren will, — wäre die Vereinigung der kaufmännischen und gewerblichen Sondergerichtsbarkeit ein höchst bedenklicher Schritt. Eine derartige Consolidirung des Sondergerichtswesens würde zweifellos für die Autorität des staatlichen Gerichtswesens einen schweren Schlag bedeuten. — Die Complikation, die der Antrag auf Einsetzung kaufmännischer Schiedsgerichte herbeigeführt hat, legt klar, daß die im Text befürwortete Reform sich kaum länger wird aufschieben lassen (vgl. oben S. 163). — Daß bei Angliederung des Gewerbegerichts an das Amtsgericht die gewerbegerichtliche Anwaltsperre wegfiele, halte ich für keinen Nachtheil (vgl. oben S. 105 ff.)

87. Vgl. Wachs Bemerkungen in der Dtsch.Jur.Zeitg., Jahrg. III, S. 287, 288, und Schmidts Vorrede zum Ergänzungshefte des Lehrb.,

Leipzig 1898, S. III unten und S. IV, die ersten 4 Zeilen. — Schmidt nennt freilich den Titel meines Buches nicht, auch nicht meinen Namen, sagt vielmehr nur: „neuerdings hat man — versucht" u. s. w. Indessen ist nicht zweifelhaft, daß mit dem kleinen „man" — ich gemeint bin. (Vgl. vielleicht auch die Vorrede zu Schmidts Lehrb. S. VII.)

88. „400 Jahre", am Schlusse des Vorworts. — Der bezogene Ausspruch findet sich bei Bethmann-Hollweg, „Der Civilproceß des gemeinen Rechts in geschichtlicher Entwicklung", Bd. IV, Beilage II, „Der Diöcesanstreit von Siena und Arezzo", S. 547.

89. Vgl. den im Text, S. 157, bezogenen Ausspruch von Degenkolb a. a. O. (oben Anm. 79). Degenkolb hat dort auch hingewiesen auf eine Äußerung von Brackenhöft, „Beiträge zur Lehre vom Geständniß im Civilproceß", im Archiv f. d. civ. Praxis, Bd. 20, S. 267. Dieselbe lautet, wie folgt: „Daß jemand ein Recht habe, für eine Thatsache, welche er als wahr erkennt, noch auf dem Wege des Leugnens Beweis zu fordern, und auf dieses Recht durch ein Geständniß verzichte, dürfte doch wohl nicht mit den Nachtheilen zu vereinigen seyn, welche die Gesetze dem frivolen Streiten drohen".

Druck von Otto Walter in Berlin S 14.

FSC
www.fsc.org
MIX
Papier | Fördert gute Waldnutzung
FSC® C083411

Kolibri 360 GmbH
Ferdinand-Jühlke-Straße 7
99095 Erfurt, Deutschland
produktsicherheit@kolibri360.de